舊約、新約聖經內容大整理
豐富插圖＋生動故事
一日了然聖經架構，輕鬆掌握聖經內容，帶你讀懂影響20億人信仰的《聖經》

典藏新版

圖解聖經

GRAPHICAL BIBLE

月本昭男

李

目次

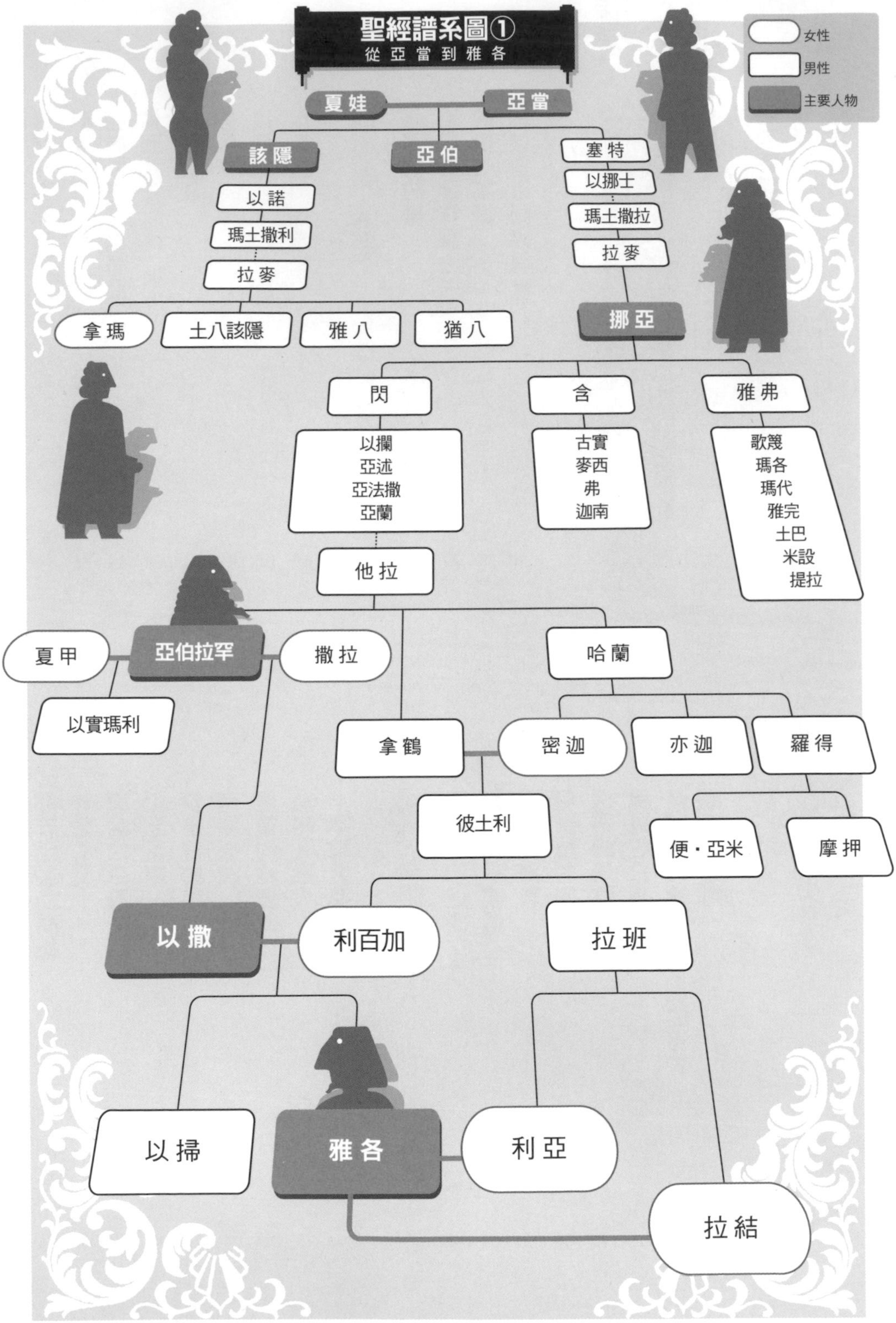
聖經譜系圖①
從亞當到雅各
女性
男性
主要人物
夏娃
亞當
該隱
亞伯
塞特
以諾
瑪土撒利
拉麥
以挪士
瑪土撒拉
拉麥
拿瑪
土八該隱
雅八
猶八
挪亞
閃
含
雅弗
以攔
亞述
亞法撒
亞蘭
古實
麥西
弗
迦南
歌篾
瑪各
瑪代
雅完
土巴
米設
提拉
他拉
夏甲
亞伯拉罕
撒拉
哈蘭
以實瑪利
拿鶴
密迦
亦迦
羅得
彼土利
便・亞米
摩押
以撒
利百加
拉班
以掃
雅各
利亞
拉結

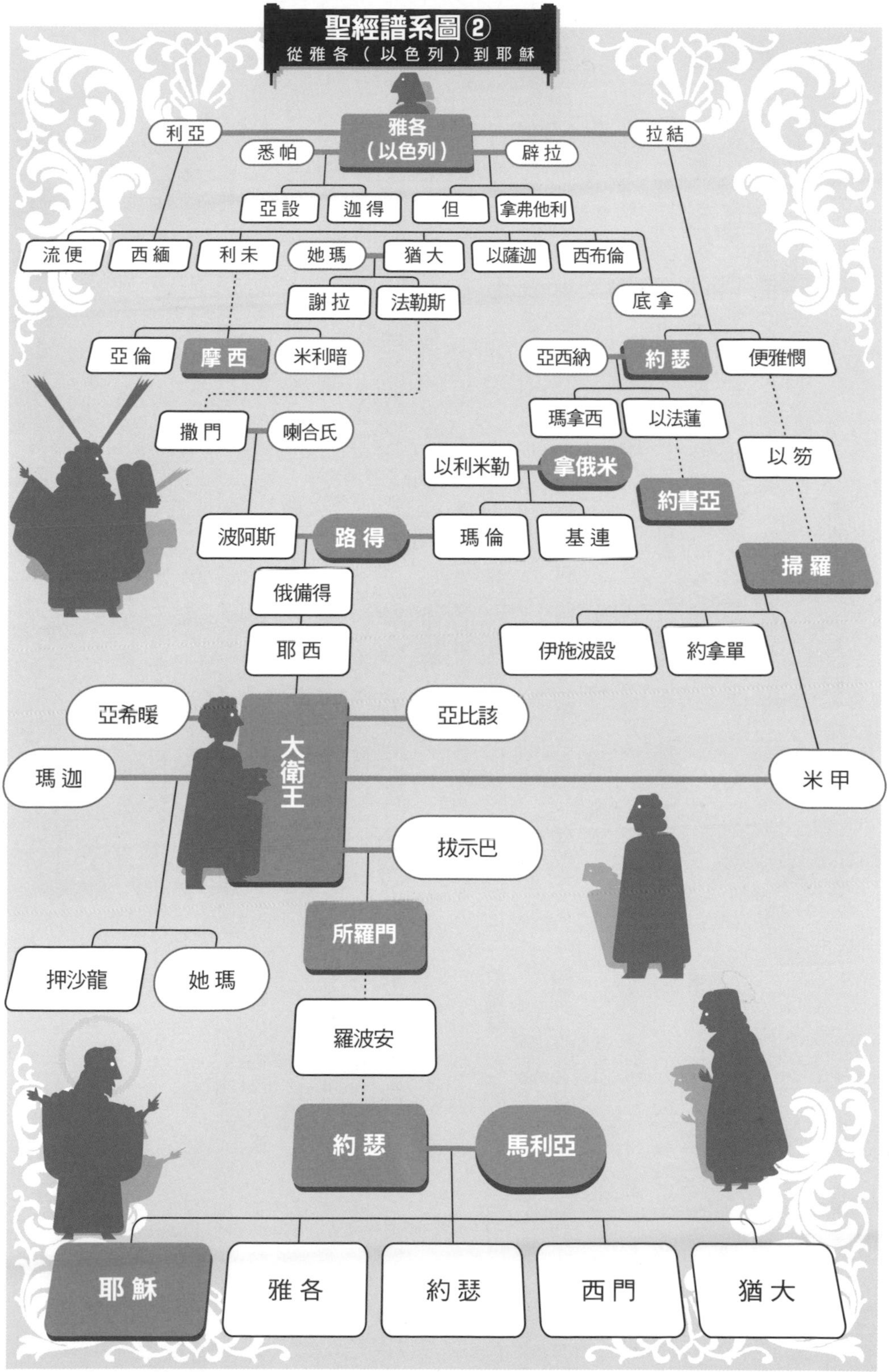
聖經譜系圖②
從雅各（以色列）到耶穌
雅各（以色列）
利亞
拉結
悉帕
辟拉
亞設
迦得
但
拿弗他利
流便
西緬
利未
她瑪
猶大
以薩迦
西布倫
謝拉
法勒斯
底拿
亞倫
摩西
米利暗
亞西納
約瑟
便雅憫
撒門
喇合氏
瑪拿西
以法蓮
以利米勒
拿俄米
以笏
約書亞
波阿斯
路得
瑪倫
基連
掃羅
俄備得
耶西
伊施波設
約拿單
亞希暖
大衛王
亞比該
瑪迦
米甲
拔示巴
所羅門
押沙龍
她瑪
羅波安
約瑟
馬利亞
耶穌
雅各
約瑟
西門
猶大

主要登場人物

亞當：神創造的世界中最早的人類。希伯來語的意思是「人」。原本住在伊甸園，與夏娃一同遭到放逐。

亞伯拉罕：挪亞的兒子閃的子孫，以撒的父親。被視為以色列民族與阿拉伯民族之祖。

亞伯：亞當與夏娃的二子。被哥哥該隱所殺。

夏娃：用亞當的肋骨創造的世界第一個女人。希伯來語的意思是「生命」。

耶穌：生於伯利恆，傳道以加利利為中心，後來在耶路撒冷遭處十字架刑。

以斯拉：波斯時代的猶太人祭司、書記官。返回耶路撒冷，奠定猶太教的基礎。

以利亞：公元前九世紀時以色列王國的先知。曾勸誡崇拜異教（敬拜巴力神）的亞哈王。

該隱：亞當與夏娃的長男。犯下人類最早的殺人罪，被放逐到伊甸之東。

掃羅：以色列統一王國的初代王，與非利士人作戰時落敗自殺。

撒母耳：以色列統一王國最後的士師，曾任命以色列統一王國的首任王掃羅與第二任的大衛王。

司提反：基督教第一個殉教者。

所羅門：以色列統一王國的第三任國王，帶領國家步入鼎盛期。

但以理：啟示文學（但以理書）中的主角，內容是以巴比倫、波斯時代為背景，敘述世界末日的異象（啟示）。

大衛：以色列統一王國的第二任國王。以耶路撒冷為首都，在那裡安置約櫃。

尼布甲尼撒二世：消滅猶大國的新巴比倫帝國國王。於公元前五九七年和公元前五八六年擄走巴比倫俘囚。

尼希米：原本為波斯王做事，被囚後得以重返耶路撒冷擔任總督。

挪亞：亞當的第十代子孫。獲神揀選製造方舟，而得以從消滅世界的大洪水中倖存。

保羅（掃羅）：原本敵視基督教，在前往大馬士革的途中歸主，展開傳道旅行，將基督教傳到全世界。

彼拉多：羅馬第五任猶大總督，主持耶穌被捕後的審判。

希律：猶大國王。耶穌出生時，有感於王位受到威脅，而下令殺死兩歲以下的男孩。

馬利亞：耶穌的母親。婚前接獲天使告知會生下彌賽亞（救世主），在伯利恆產下耶穌。

馬利亞（抹大拉的馬利亞）：獲耶穌拯救後即跟從耶穌。是耶穌復活後最早看到他的人。

摩西：將以色列人從埃及帶到神所應許的迦南。中途在西奈山獲神頒授十誡。

雅各：亞伯拉罕的孫子，獲神賜名「以色列」（與神爭戰者）。以色列人的始祖。

耶羅波安：北方以色列王國的首任國王。在伯特利和但安置金牛犢。

猶大（加略人猶大）：列名耶穌的十二門徒，為三十枚銀幣背叛耶穌，而在懊悔中自殺。

約書亞：摩西的繼承人，帶領以色列民族抵達迦南地，並領軍征服該地。

約瑟：雅各的兒子，被哥哥們密謀賣到埃及，後來成為埃及宰相。

路得：摩押女子。丈夫死後，與婆婆拿俄米前往伯利恆，與農場主人波阿斯結婚。

羅得：亞伯拉罕的姪子，摩押人和亞捫人的始祖，經歷過所多瑪城的滅亡。

序論

聖經是什麼？

報紙、新聞接連幾日都在報導殘酷到令人無法置信的事件。在全世界、日本都有小孩子遭遇不幸，也有老人在受苦受難。特別是日本，善惡的標準、共同體的規範都在動搖，價值觀模糊不清的程度日益嚴重。活在這種時代的人，對於現狀，根本不可能抱持著輕鬆的樂觀主義生活。

那麼，我們要從哪裡獲得什麼樣的價值呢？據說現在宗教書很暢銷。自從東西方的壁壘崩毀，蘇聯解體，許多人擺脫了歷史唯物論的束縛，重新去審視之前很容易被視為屬於前近代的宗教。看來人們對宗教的興趣越來越濃了。

本書就是為了因應這樣的時局，而在此介紹基督教的正典《舊約聖經》和《新約聖經》，因為基督教的信徒人數高居全球第一（二十億多人）。讀者透過本書，應該就可以了解基督教之所以能傳遍全世界的原因。如果能因為本書的引介，而讓更多人直接接觸到聖經，並尋找在此混沌的時代中依然屹立不搖的「什麼東西」，那對身為監修者的筆者來說，將是無上的喜悅。

監修 月本昭男
2006年8月

舊約聖經與新約聖經

從猶太教聖經到基督教正典

《舊約聖經》源自於猶太教

基督教奉為正典的「聖經」是由《舊約聖經》和《新約聖經》所構成。

《舊約聖經》由三十九篇長短不一的文章所組成，內容豐富多元。從天地創造、失樂園、挪亞方舟、巴別塔等神話式的故事開始，也包括古以色列的民族史、先知書，以及哀歎、祈禱的詩文，在在都是古以色列人民的歷史、信仰與靈魂的記錄。原典是以希伯來文（有一部分是亞蘭語）寫成。

這部書原先是作為猶太教的聖經編輯而成，時間大約是基督教誕生的兩百年前，也就是公元前二世紀之時。內容依猶太教傳統分成三大部分，稱為〈律法書〉、〈先知書〉和〈聖卷〉。

這部書在西元前二世紀時翻譯成希臘文，亦即所謂的《七十士譯本》。其中也包括天主教教會使用的〈舊約聖經續篇〉。

基督教之所以會接納猶太教的聖經，最主要的原因是基督教將耶穌視為彌賽亞，而舊約裡面確實記載了與耶穌生平有關的預言，更何況猶太教的聖經也足以說明許多基督教的重要教義。因此，《新約聖經》引用了相當多猶太教聖經（主要是《七十士譯本》）的經節。

基督教徒將猶太教聖經稱為《舊約聖經》，以便區分後來的《新約聖經》。這裡的「約」是「契約」的意思，沿襲古以色列人將神與人的關係視為契約關係的觀念。

《新約聖經》是基督教的教義基準

《新約聖經》是由長短不等的二十七篇文書所構成，編纂的用意是作為基督教教義的「基準」。原文是希臘文。

起頭的四篇福音書中，記載著基督教徒篤信為「神子、救世主」的耶穌基督生平和教旨。「福音」就是指耶穌基督傳給人類的「好消息」。而在福音書之後，《新約聖經》也依序收錄了描述初期基督教傳教活動的〈使徒行傳〉、當時在羅馬帝國的領域中傳教的保羅書信，以及將「最後審判」的情景描寫得極為生動的〈啓示錄〉。

這兩部書記錄初期基督教逐步成為世界宗教的過程。就細節來看，各篇中的教義不見得全然一致，但直至現今仍是基督教的基礎，也依然是信徒在教堂中頌讀的經典。

兩部聖經的差異

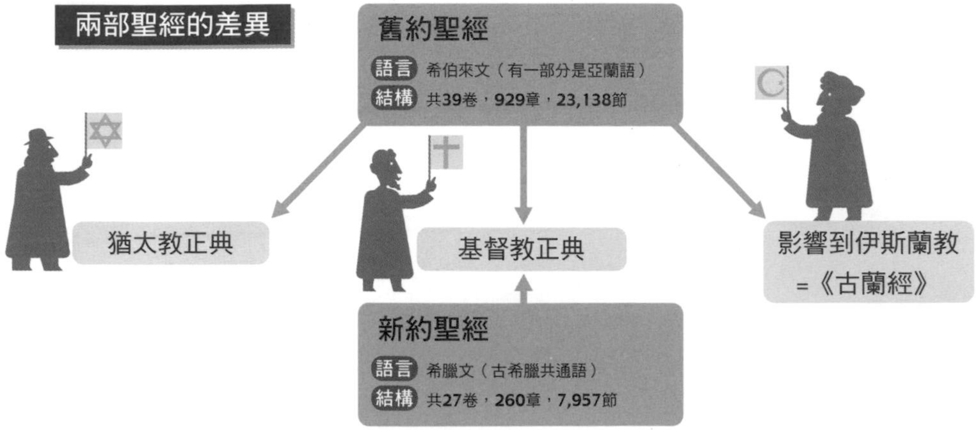

兩部聖經的組成

新約聖經（共27卷）

分類	內容	書卷
福音書4卷	記載耶穌的生平、教旨、神蹟與受難。	馬太福音、馬可福音、路加福音、約翰福音
傳教的記錄1卷	初期基督教會的歷史，以彼得和保羅的宣教為主匯整而成。	使徒行傳
保羅的信13卷	寫給信徒和教會的信，主要是信仰上的指導與激勵。	羅馬書、哥林多前後書、加拉太書、以弗所書、腓立比書、歌羅西書、帖撒羅尼迦前後書、提摩太前後書、提多書、腓利門書
公眾書簡8卷	（同上）	希伯來書、雅各書、彼得前後書、約翰一二三書、猶大書
啟示錄1卷	生動地描寫神對惡魔統治的地面世界所下的審判、基督再次降臨所帶來的救贖等情景。	啟示錄

舊約聖經（共39卷）

分類	內容	書卷
律法書5卷	描述從天地創造以至摩西之死的以色列民族史。	創世記、出埃及記、利未記、民數記、申命記
歷史書6卷	從抵達應許之地到淪為巴比倫囚徒的以色列民族史。	約書亞記、士師記、撒母耳記上下、列王紀上下
大先知書3卷	透過先知來了解神對人民、君主和各國國民的旨意。編纂以審判、救贖的話語為主	以賽亞書、耶利米書、以西結書
小先知書12卷	（同上）	何西阿書、約珥書、阿摩司書、俄巴底亞書、約拿書、彌迦書、那鴻書、哈巴谷書、西番雅書、哈該書、撒迦利亞書、瑪拉基書
聖卷13卷	祈禱與詩歌。包含牽涉到神人關係的教訓與歷史	約伯記、詩篇、箴言、路得記、傳道書、雅歌、耶利米哀歌、以斯帖記、但以理書、以斯拉記、尼布米記、歷代志上下

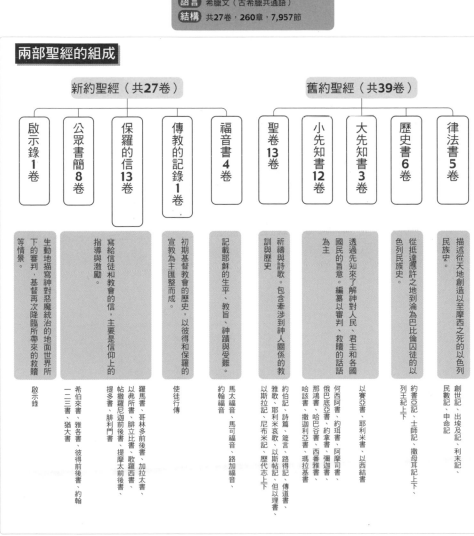

聖經中的神

唯一絕對的眞神耶和華與救世主彌賽亞

猶太教與基督教不同的神觀

猶太教、基督教都與伊斯蘭教相同，都是一神教。在猶太教和基督教共有的聖經中，一神信仰的特色是什麼呢？

根據《舊約聖經》，神的名稱是「耶和華（Yahweh）」。由於人類在十誡中受命不得妄稱神名，後來的猶太教徒不直接說出這個神名，而改以意思是「主」的希伯來語稱呼。一直到了十九世紀末，大家才知道神名的發音就是「耶和華」。

耶和華是天地的創造主，支配萬物的唯一絕對眞主。《舊約聖經》上說，古以色列人由於是弱小民族，而受到唯一絕對眞神耶和華的揀選。換言之，耶和華既是唯一絕對的，也是會對弱者慈愛的神。但也因此要求這個民族要循正道生活，如果驕傲自大或不公不義就要予以處罰。嚴格的倫理要求就是此神的特質。將《舊約聖經》奉爲正典的猶太教接收了這種神觀，而從猶太教的土壤中孕育出來的基督教也概括承受。

猶太教和基督教都是以這種倫理性的一神信仰爲前提。不過，兩者之間也出現了很大的差異。猶太教是一種民族宗教，以神透過摩西所賦予的律法爲基礎。基督教卻是相信釘在十字架上的耶穌是彌賽亞，認爲耶穌的救贖能讓所有人蒙恩。而基督教的正統派更認爲絕對的神有聖父（神）、聖子（基督）、聖靈這三種表現方式，視之爲三位一體的神。

等待彌賽亞與接納彌賽亞的信仰

基督教相信耶穌就是彌賽亞，亦即「基督」。「基督」是彌賽亞的希臘語音譯。這種信仰的背後潛在著自《舊約聖經》以來期盼彌賽亞的思想。

「彌賽亞」在希伯來語中意指「受膏者」，原本是國王的稱號，因爲國王登基時，頭上會被灌油膏。尤其是耶和華神曾經應許統一以色列的大衛王，王朝將會永續。這就是所謂的「大衛契約」。可是現實中的大衛王朝與理想相差甚遠。多名先知對大衛王朝大失所望，於是預言將會有個理想的王來臨。而在王國消滅之後，這個想法就變成了期盼彌賽亞的信仰，在猶太教徒之間流傳。

基督教在拿撒勒的耶穌身上看到彌賽亞的影子，也就是相信以十字架刑這種失敗與挫折結束一生的耶穌即爲彌賽亞。就此層面來說，這是一種反轉的彌賽亞信仰，無法讓猶太教接受。基督教與猶太教分歧的原因就在這裡。

舊約與新約中的神

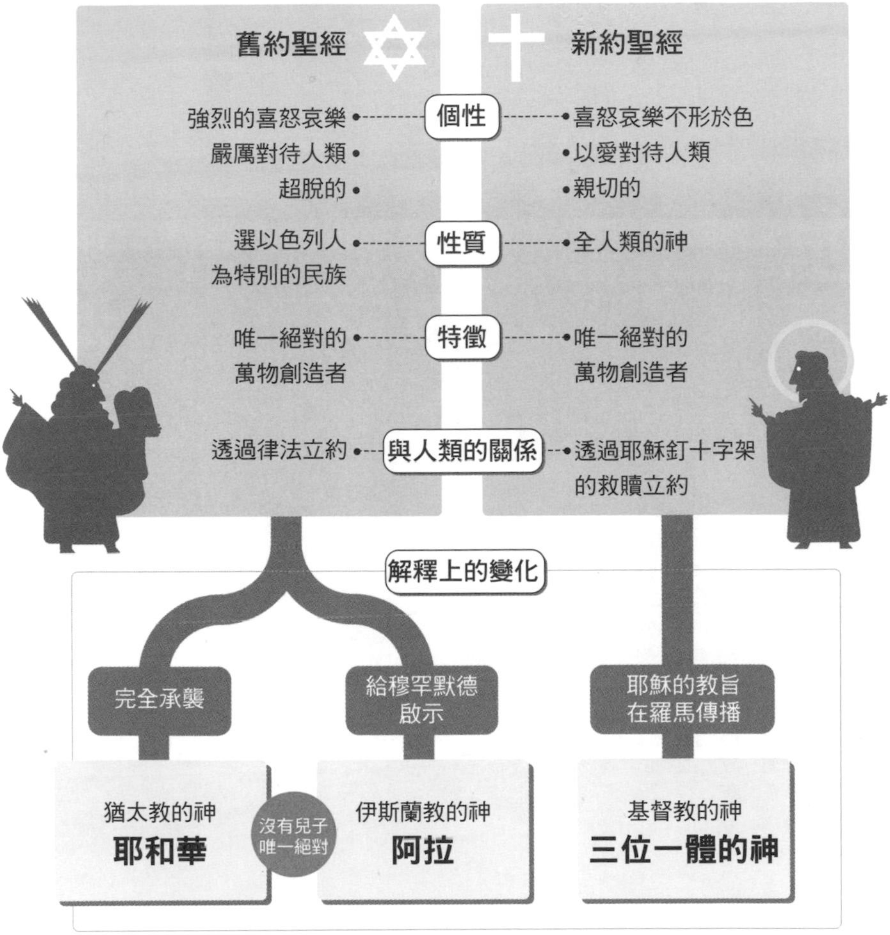

什麼是「三位一體」？

由聖父的神、聖子的基督和聖靈（神的運作）這三個位格構成一個實體的概念。此三者雖是「不分離也不交錯」的存在，但並不是有三個神的意思，而是說神會依情況顯出三種樣態，這些樣態常有人用水來比喻。但是聖經上並沒有三位一體的說法。

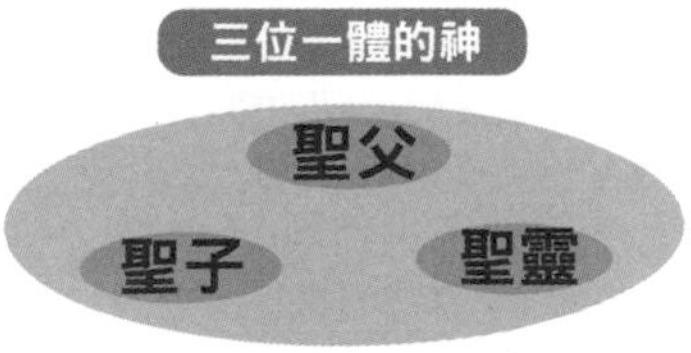

用水來比喻三位一體的神

三種都是同樣的實體，但各自有不同的樣態。

律法

神直接授予猶太人的規範

以十誡為基礎的〈摩西五書〉

排在《舊約聖經》前面的五卷書〈創世記〉、〈出埃及記〉、〈利未記〉、〈民數記〉、〈申命記〉）稱爲「律法」（TORAH），在猶太教中備受重視。由於據傳出於摩西筆下，因此也稱爲〈摩西五書〉。

這部書的開頭是天地創造、挪亞的大洪水故事等太古時期的事情，接著記載祖先的故事、以色列人從埃及的奴隸身分解放，經過徘徊荒野的時代，來到神應許的迦南地。擺脫埃及的奴隸身分一直被視爲這支民族歷史的出發點，也是流傳後代萬世的信仰原點。依照這段歷史傳承，以色列人以神的「選民」自居。

這幾部書被稱爲律法的原因是，在荒野時代，耶和華神和以色列人立約，透過領導者摩西頒給這支民族。整套律法奠基於據傳是在西奈山授予的「十誡」。內容包括只能崇拜耶和華神、禁拜偶像、要遵守安息日等四條宗教性戒律，以及以「不可殺人」爲首的六條基本社會規範。

各種詳細規定

以「十誡」爲基礎的律法大致上可以分成社會法和祭儀法。

社會法最大的特徵是規定社會要保護弱者，包括保護失去生活依靠的寡婦、失怙的孤兒和寄居的外國人等種種規定。也禁止對弱者施虐、借錢收取利息。還有禁止田主在收割莊稼時割得太徹底，必須留一些給窮人撿拾。除了這些規定，還加上一條：必須經常去回想以前在埃及當奴隸的情景。

祭儀法非常繁雜，其中最令人有興趣的是關於食物的規定。例如可以吃的陸地動物只限雙蹄類和反芻的。羊肉和牛肉雖然可食，但不得和血一起吃。至於水生動物，則只限有鱗和有鰭的，因此虔誠的猶太教徒到今天仍不能吃炸豬排和烤鰻魚。

這些食物規定與男童割禮、安息日禁止勞動等規定都是最重要的戒律，也在後來成爲猶太教的特徵。

相對的，耶穌重視的是律法精神，以脫離形式上的律法主義爲目標。

什麼是律法？

起源	據傳所有律法都是透過摩西，在西奈山頒給人民的。
種類	主要是從「出埃及記」後半段到「申命記」之間所記載的十誡、社會法、祭儀規定、訴訟法、聖潔法等。
特徵	社會法——保護弱者。 祭儀規定——確定聖俗之分。
審判	由村中長老主持。有時候也會傳喚祭司。實施律法是利未人的工作。

什麼是「契約」？

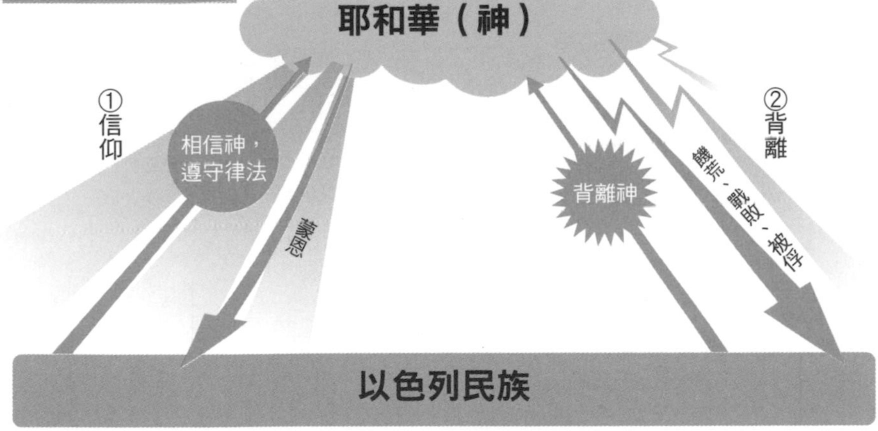

人名・事件	神的施恩
亞伯拉罕	應許迦南地
摩西一行人	分開海水從中穿越的奇蹟
約書亞的軍隊	與耶利哥作戰，只是吹響喇叭，城牆就應聲而倒，獲得勝利。

人名・事件	神的處罰
摩西一行人	崇拜偶像的人被判死刑
以色列王國	遭亞述消滅
猶大王國	被巴比倫攻陷耶路撒冷，淪為巴比倫俘囚。

先知

聽取、宣布神諭的人

行動先知和記述先知

古以色列出現一連串所謂的「先知」。公元前九世紀中葉，在北國以色列現身的以利亞是這些人物的先驅。他固守耶和華信仰，批判堅持要祭祠豐饒神巴力的北以色列亞哈王室，雖然他遭受不斷的迫害，仍然告知他們耶和華的審判。他的繼承人是以利沙。新登基的耶戶王高舉耶和華的旗幟顛覆亞哈王室時，就是以利沙在當他的後盾。他們的行動都記載在《舊約聖經》中的〈列王記〉裡面。

相對於此，在公元前八世紀以後活躍的主要先知話語都記在三大先知書（〈以賽亞書〉、〈耶利米書〉、〈以西結書〉）和十二部小先知書中，一同收進《舊約聖經》裡。這些人物被稱爲「記述先知」，以便與之前的「行動先知」有所區別。

先知無一例外都有聽到神耶和華曉諭的特殊體驗，而自動攬下將神諭告知同胞的任務。因此，他們的任務並不是預言未來，而只是將神耶和華的旨意告訴同胞。這也就是爲什麼先知書收納的預言中，有許多文書是以神爲第一人稱。

先知的看家本領在於批判精神

每位先知活躍的時代都不相同，出身和個性也各有千秋，但他們有個共通點，就是秉持著對神耶和華堅定不移的信仰，從批判的立場面對以色列的現實。

他們對現實的批判重點是社會的不公不義。在公元前八世紀中葉登場的先知阿摩司就以「巴珊母牛」來稱呼壓搾貧民、生活極盡奢華的貴族，對他們提出嚴厲的抨擊。公元前八世紀末的先知以賽亞也曾勸誡「索賄」的高官，逼他們爲「孤兒寡母」做出公正的審判。對那些先知來說，耶和華是要求人民謹守公義的神。

至於施政者對強國曲意逢迎的政策，他們也大力批判。對大國的依賴無法護衛國家。能護衛國家的不是外交上的爾虞我詐，也不是軍備。國家應該以對神全心全意的信任爲基石。先知們這麼相信著，也毫不畏於表達主張。

先知們的批判精神也在宗教領域發揮無遺，因爲宗教絕不能缺乏倫理，也不能流於祭儀和形式。

如此的批判精神正是先知的看家本領。可是他們並不僅是批判而已，當人民陷於絕望時，他們也會反過來宣揚救贖時代的到臨，爲同胞點上希望的燈火。所謂的「彌賽亞」預言就是其中的一環。

主要先知的活動

時代	先知	活動與預言內容
公元前13世紀 出埃及時代	摩西	古以色列最大的先知。帶給人民信仰與律法
公元前1200年 征服迦南	底波拉 撒母耳	出現在〈士師記〉中的女先知 預言掃羅即位以至王室沒落
大衛時代 王國分裂時代	拿單 以利亞 以利沙	給予大衛王的一生很大的影響 北以色列王國亞哈王時代的先知 北以色列王國耶戶革命的後盾
北以色列王國末期 公元前8世紀的 猶大王國	阿摩司 何西阿 以賽亞	對上層階級的道德淪喪提出勸誡，告以神的審判 嚴厲抨擊異教崇拜，勸眾人回到以色列的原點 批評仰賴強國的政策，呼籲要信賴神。期盼彌賽亞
前猶大王國滅亡時代 巴比倫俘囚期 巴比倫俘囚末期	耶利米 以西結 第二個以賽亞	告訴墮落的人民北方有敵人來襲 預言締結新契約時代到來 在俘囚之間活躍。預言枯骨復活，北方人民再興 向俘囚預言他們將獲得解放（福音）

十二部小預言書中的先知

先知	預言書	特徵
何西阿	何西阿書	北以色列王國時代的先知
約珥	約珥書	預言神耶和華的審判和救贖到來
阿摩司	阿摩司書	北以色列王國時代的先知
俄巴底亞	俄巴底亞書	預言以東滅亡和以色列民族復興
約拿	約拿書	違背神的命令，被大魚吞進肚子裡
彌迦	彌迦書	公元前8世紀末在南猶大王國活躍的先知。抨擊社會的不公義，期盼理想王（彌賽亞）的到來
那鴻	那鴻書	預言波斯帝國滅亡
哈巴谷	哈巴谷書	訴說人民的困苦
西番雅	西番雅書	預告受虐者會得到救贖
哈該	哈該書	激勵人民，促進耶路撒冷第二座神殿重建
撒迦利亞	撒迦利亞書	扶持兩位領導者，促進耶路撒冷第二座神殿重建
瑪拉基	瑪拉基書	指責祭司們的墮落，預言以賽亞先知會再臨

次經與僞經

未收入正典的書卷

希伯來文聖經沒有收錄的十四部書

希伯來文的《舊約聖經》是由大小三十九部書所組成，據說是猶太教的領導人在一世紀後葉舉行正典編纂會議時制定的。但實際上早在公元前二世紀時就已編成，因爲《舊約聖經》在那段時期從希伯來文翻譯成希臘文。

根據傳說，這部希臘文舊約聖經是七十二名學者以七十二天的時間翻譯而成，因此稱爲《七十士譯本聖經》。裡面加了希伯來文聖經沒有收錄的十四部書。天主教會將其中的十部書視爲「第二正典」，東方教會將其餘的四部書納入正典，新教則以「舊約聖經次經」來稱呼這些書卷。

正典《新約聖經》沒有收錄的多本書

另一方面，基督教會是在四世紀時，從自己的書卷中選出二十七部書，制定爲《新約聖經》。當時流傳著正典沒有收錄的多部書，這些書都被稱爲「僞經」。其中也有不少是最近才發現的，例如《猶太福音》。大多數作品是出自後來被視爲異端的教派。

現在這些次經和僞經都成了珍貴資料，呈現出當時猶太教和基督教的諸多面貌。

一九四七年之後，有人在死海沿岸的洞窟發現「死海文書」，裡面除了《舊約聖經》的手抄本之外，也有許多「次經」和「僞經」之類的書籍。現在這些文書也是研究《舊約聖經》內文和初代基督教活動時必不可缺的資料。

正典與主要的次經、偽經

舊約
- **正典**—希伯來文（一部分是亞蘭語）三十九部文書⇒《舊約聖經》
- **次經**—《舊約聖經續篇》
- **偽經**—瑪加比三書與四書、亞里斯提亞斯書信、禧年書、亞當和夏娃的生平等

新約
- **正典**—希臘文二十七部書卷・《新約聖經》日後的拉丁文譯本
- **偽經**—多馬福音、彼得行傳、猶大福音等

發現死海文書的昆蘭位置

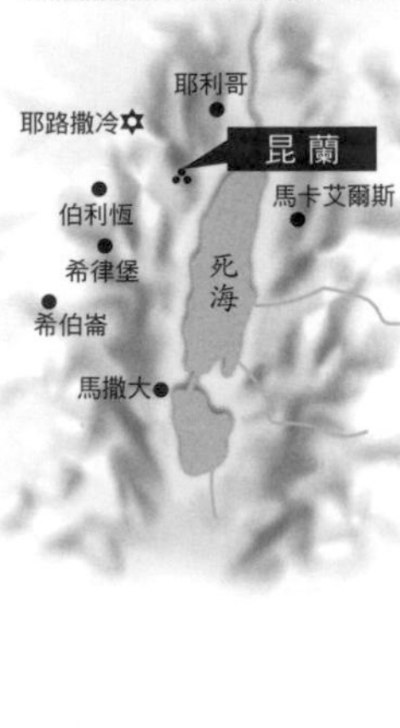

第 1 部
舊約聖經

《舊約聖經》本來是作為猶太教的正典編纂而成，後來被基督教全盤接收。整部書是由五卷律法書、二十一卷先知書和十三卷聖卷所組成，總共有三十九卷書。

這部書從神創造萬物的故事開始，接著詳述以色列民族的歷史，包括起自亞伯拉罕的祖先故事、脫離埃及的奇蹟經過、大衛與所羅門時代的繁榮、北以色列和南猶大的王國分裂，直到最後王國滅亡，淪為巴比倫俘囚。

在王國時代中，針對社會的不公不義提出嚴厲抨擊的先知談話，就是先知書中的內容。至於其他卷書，則是一些詩歌、格言、短篇小說之類的小品集。

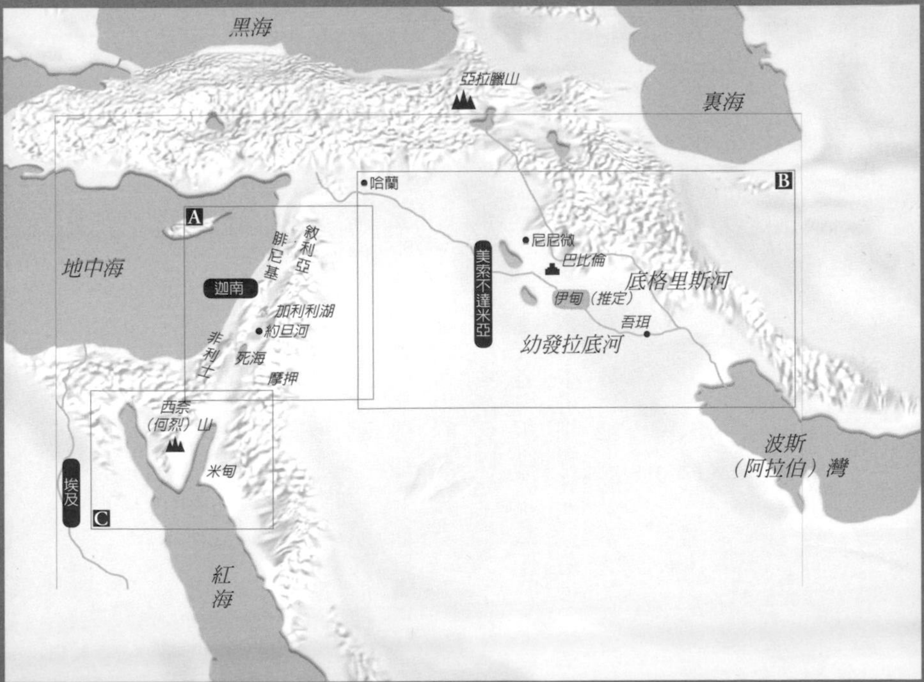

舊約聖經的舞台（數字是出現在內文中的頁碼）

A 23、31、33、41、43、45、47、49、51、53、55、63、65、71

B 27、29、57、61、65、67、69、73

C 29、37、63、65

＊詳細地名會在各頁內文中介紹。

第1章
與神立約
—神話與傳說—

天地創造

一切始於神的話語和作爲

歷時六日的偉大創造與第七日的安息

聖經故事是以神莊嚴的創造天地拉開序幕。根據《舊約聖經》中的〈創世記〉，神是以話語和作爲，以一星期的時間創造萬物。

創造之前的原始狀態是混沌與黑暗。神說：「要有光。」光就出現了。分開光亮與黑暗。第二天創造了天空，將上下的水分開。第三天大地和海分開，神讓植物在大地上萌芽。由海和陸構成的地面世界就這樣誕生。

接著，神在第四天創造太陽、月亮和星星，讓太陽司掌白天，月亮司掌夜晚。到了第五天，又創造群集在水中的生物和天空的飛鳥，第六天則是創造地上的野獸、家畜和爬在地上的生物。

最後神總結所有的創造，做出「像神本身」的男女人類。在古代的東方世界，人民普遍認爲國王是「神的形象」而對他特別尊崇，但是在《舊約聖經》中，每個人都具有「神的形象」。人和動物在太初時期，都是享受大地恩澤的素食者。

神看看自己創造的天地萬物，覺得極爲完美。

創造萬物後的第七天，神放下所有工作，開始休息。這一天因此成爲祝福的聖日。

神歷時七天的創造就是現在一星期七天的起源，而古以色列的安息日就是沿襲神在第七天的安息。

人類對自然的義務

神創造人之後，對他們說：「要生養眾多，遍滿地面，治理這地，也要管理海裏的魚、空中的鳥，和地上各樣行動的活物。」

這表示在眾多被造物中，只有人類受到「要生養眾多，遍滿地面」的祝福，還被賦予「支配其他被造物」的特別地位。這在某方面確實可以說是「人類中心主義」的思考。

可是這同時也表示人類必須對其他被造物和自然有責任感。人類既然在創造中得到與其他被造物截然不同的待遇，身爲地上的「王」，就要扛起維持秩序的責任。

這段敘述蘊含著人類的罪惡可能會給大地、整個大自然帶來毀滅的觀點。事實上，《舊約聖經》接下來的故事也一直在反覆述說懦弱而不斷犯錯的赤裸人性。

創造天地的一週

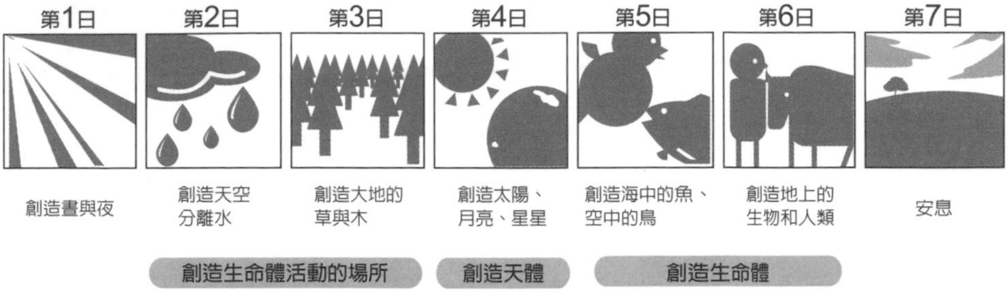

《舊約聖經》中的世界景象

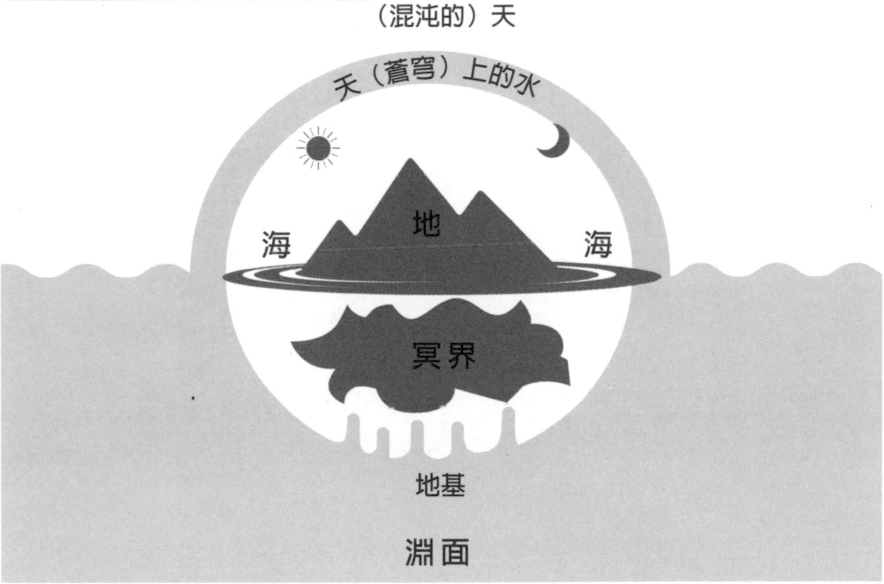

各種神話中的世界起源

舊約聖經	混沌與黑暗
日本神話	水面上的脂肪如水母般漂浮的狀態。
希臘神話	只存在著混沌
北歐神話	有一條無底深淵金倫加鴻溝（Ginnugagap）、費格爾米爾泉（Vergelmir）和穆斯貝爾海姆（Muspelheim）
埃及神話	只存在著太初的海努恩（Nun）

亞當與夏娃

被逐出樂園的男女

我骨中的骨、肉中的肉

亞當被視爲最早的人類，神希望有人種地，就用大地（adamer）的塵土造人，再將生氣吹在他的鼻孔裡。神還設置伊甸園，讓亞當住在裡面。

伊甸園內生長各種各樣的樹木，園子中央種著「生命樹」和「分別善惡的樹」。這兩棵樹是人類被逐出伊甸園的原因。園子有一條河流穿，分成四條支流。

神准許亞當吃園子裡任一棵樹的果子，唯獨禁吃分別善惡樹上的果子。有一天，神說：「那人獨居不好，我要爲他造一個配偶幫助他。」

這時神已經創造了鳥獸等生物，但找不到能與亞當互相幫助的。於是神讓亞當沈睡，用他的肋骨造成一個女人。

亞當看到女人時說：「這是我骨中的骨、肉中的肉。」故事在這裡說明男女要離開父母結爲一體的結婚道理。兩人住在伊甸園裡，赤身露體，彼此都不感到羞恥。

亞當與夏娃摘下禁果

有一天，生物中最聰明的蛇違背神的命令，慫恿夏娃去吃分別善惡的果子。夏娃禁不起蛇的誘惑，就把果子摘下來吃，也拿給旁邊的丈夫，她丈夫就吃了。他們兩人的眼睛明亮起來，才知道自己赤身露體，就用無花果樹的葉子爲自己編做裙子。

那一天起了涼風，傳來神在園子裡走動的聲音。人類已經吃了分別善惡樹的果子而變得「聰明」，對神做出的第一個舉動是，聽到神的呼喚就躲起來。可是神很容易就發現了眞相。知道兩人背叛之後，神的處罰很殘酷。神讓男性必須終生勞苦才能得到糧食，女性則是要嘗受生產與生活的苦楚。

接著，神惟恐他們倆再去吃生命樹的果子，就把兩人永遠趕出去。從此之後，伊甸園的入口都設有基路伯和四面轉動發出火焰的劍。

依照基督教傳統，這個事件被定位爲人類一切罪惡的根源（原罪），尤其是保羅將人類必有一死的宿命視爲亞當這個最早的人「犯罪」的後果。不過，故事中並沒有出現「罪」這個字。任何人在神的面前都不可能全然無辜，這個思想在《舊約聖經》隨處可見，而在那時候，也沒有將原因歸在於人類最早的「罪」這樣的觀點。

亞當與夏娃的誕生

亞當的誕生
用大地的塵土製造，再把生氣吹進鼻孔，人就誕生了。
夏娃的誕生
需要有人與亞當互相幫助，而取下亞當的肋骨做出夏娃。
分別善惡樹的果子
受到蛇的慫恿，夏娃找亞當一起吃下分別善惡樹的禁果。
被逐出伊甸園
神將亞當和夏娃永遠趕出樂園

亞當與夏娃的罪和神施加的懲罰

罪

▶吃了禁忌的樹上果子
▶想要變得和神一樣
▶相信蛇的話

罰

▶亞當——為了取得生活糧食必須勞苦
▶夏娃——生產與生活的苦楚
▶蛇——受到詛咒，必須在地上爬行

穿過伊甸園的四條河

伊甸園
幼發拉底河
底格里斯河
基訓河
古實
（埃及南部的努比亞）
比遜河
哈腓拉
（阿拉伯半島的部分區域）

●基訓河和比遜河的存在不明
●上圖是在表現伊甸園在大河滋潤下成為沃土的景象

該隱與亞伯

農人與牧羊人

人類最早的謀殺對象是弟弟

亞當和夏娃被逐出樂園之後，生下兩個兒子。哥哥取名爲該隱，弟弟是亞伯。該隱成爲農人，亞伯則是牧羊人。

有一天，該隱將地裡的收穫當供物獻給神，亞伯則是選出最肥美的羊生的頭生子獻上。神看中亞伯和他的供物，而沒有留意該隱和他的供物。

該隱就大怒，變了臉色。神就對該隱說：「你爲什麼發怒呢？你爲什麼變了臉色呢？你若行得好，豈不蒙悅納？你若行得不好，罪就伏在門前。你是哥哥，一定要去制服仰慕你的弟弟。」（編按：此爲聖經日文譯本內容，與中文譯本略有出入。）

可是該隱沒有回答神這段話。他對神封閉自己，將怒氣埋在心裡，最後這份怒氣就變成對弟弟亞伯的嫉妒。

哥哥該隱對弟弟亞伯說：「我們去草原。」

該隱把弟弟亞伯帶到草原，在那裡下手殺死他。人類最早謀殺的對象是弟弟。

弟弟的血從地裡哀叫

該隱殺死亞伯後，神問該隱說：「你弟弟亞伯在哪裡？」

「我不知道！我是弟弟的保鑣嗎？」

該隱的回應是在掩飾自己的行爲，也是在逃避神賦予他的「制服弟弟」的責任。神對該隱說：「你做了什麼事呢？你弟弟的血從地裡向我哀告。現在你成了受詛咒的人了。你就算種地，地也不會給你收穫。你會在地上飄蕩，成爲流浪漢。」

該隱聽到這番話，才知道自己犯下罪行重大，就悲痛地對神喊道：「我的罪太重，負擔不起。凡遇見我的都會殺我。」

神聽進了該隱的話，既然他已反省自己的重罪，就在他身上做記號，讓遇見該隱的人不會去攻擊他。

該隱就這樣離開神的跟前，住在伊甸東邊的挪得（意爲「流亡」）之地，在那裡建造取名爲「以諾」的城市。

哥哥該隱不知道如何與兄弟融洽相處，也無法與大地和諧生活，反而殺害弟弟，而招致被大地排斥的後果。

後來亞當與夏娃又生下三男塞特。這個家族將會由塞特的子孫挪亞延續下去。

巴勒斯坦的風土
氣候
十月中～四月中　冬天的雨季
四月中～十月中　夏天的乾季
地形
低地……………………四～六月收割大麥或小麥
丘陵地帶………………栽培橄欖油、葡萄
沙漠地帶………………牧羊人的遊牧區
低地……………………丘陵地帶和海岸平原之間的低地。迦南時代的城市國家繁盛一時。
A 海岸平原
B 丘陵地帶
C 以色列平原
D 約旦溪谷
E 尼格夫沙漠
加利利湖
耶路撒冷
約旦河
地中海
低地
死海

丘陵地帶的橄欖園

國土南部一片荒涼

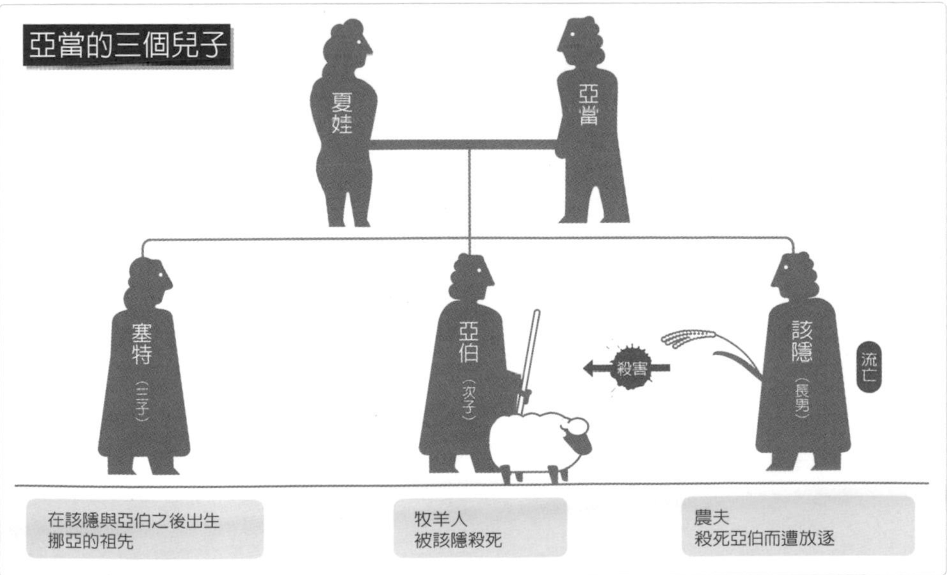
亞當的三個兒子
夏娃
亞當
塞特（三子）
亞伯（次子）
該隱（長男）
殺害
流亡
在該隱與亞伯之後出生
挪亞的祖先
牧羊人
被該隱殺死
農夫
殺死亞伯而遭放逐

挪亞方舟

從破滅到救贖與復元的象徵

吞沒一切生命的大洪水

隨著地上人類的增加，世上的罪惡也跟著蔓延。神後悔創造人類，決定使地面發生大洪水，消滅整片大地和所有人。唯有義人挪亞和他的家族例外。

神對挪亞說：「不久就要發生洪水，你要用歌斐木做一艘方舟，將糧食和每一對地上的動物裝上去。」

挪亞依神的指示造好方舟，把糧食和地上的動物裝上去，自己也帶著全家進到裡面。

挪亞全家進入方舟之後，神就讓地上連下四十晝夜的雨，引發大洪水。因此，除了搭上挪亞方舟的生物之外，地面上所有的生物都溺死了。洪水意味著恢復天地創造之前的狀態，挪亞和他的家族與方舟上的各種生物卻得以免於與大地共亡。

經過了一百五十天，洪水止住，水勢開始消退，方舟停在亞拉臘山頂。又再經過了一些時日，挪亞讓一隻鳥飛上天空，鳥兒只在方舟上方盤旋一會兒就回來了。後來又放出鴿子，鴿子也飛回來。又過了七天，再放出一隻鴿子，過了好一陣子，鴿子銜著橄欖葉飛回來。地開始乾了，新的生命已經萌芽。挪亞又等了七天，再放出鴿子，這次鴿子沒有飛回來，這表示洪水已完全消退。

神與挪亞與彩虹的契約

挪亞與家人、動物一起從方舟走出來，就築壇向神獻祭。神很歡喜，答應要使大地重新存留，也發誓再也不消滅所有生物了。

洪水過後，儘管人類依舊做惡，大地卻恢復原狀，保持創造時的秩序。這可以說是新世界的創造。人與自然的滅亡與復元都奠基於神的「後悔」上。神與挪亞訂立新契約，並在天空安置彩虹，作爲立約的象徵。

關於挪亞，還有後續的故事。洪水過後，挪亞當起農夫，闢建葡萄園。有一天，他喝了葡萄酒就醉了，赤著身子在帳篷中睡覺。他的小兒子含看見父親赤身，就去告訴兩個哥哥，哥哥閃和雅弗就倒退著進去爲父親蓋上衣服。挪亞醒了酒，知道含對他做的事，就很生氣，對他說：「你會受詛咒，給兄弟做奴僕的奴僕。」

在大洪水過後，世界各地的人都是挪亞三個兒子繁衍的後裔。

挪亞方舟是什麼樣的船呢？

方舟長三百肘（一肘為45cm的話，就是約135m），寬50肘（約23m），高30肘（約14m）。
依此比率，就是形如筷盒的狹長型大船。

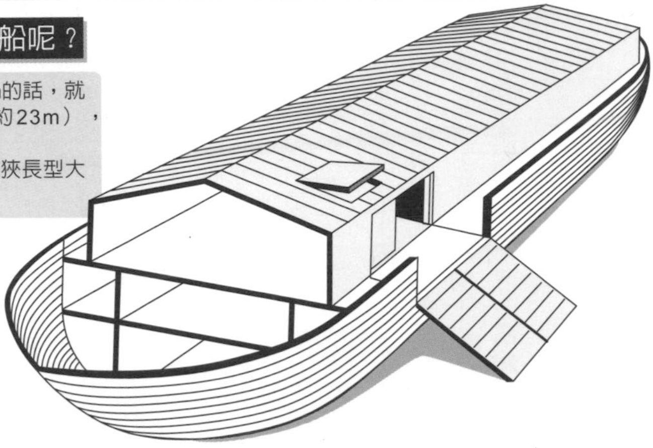

大洪水的經過

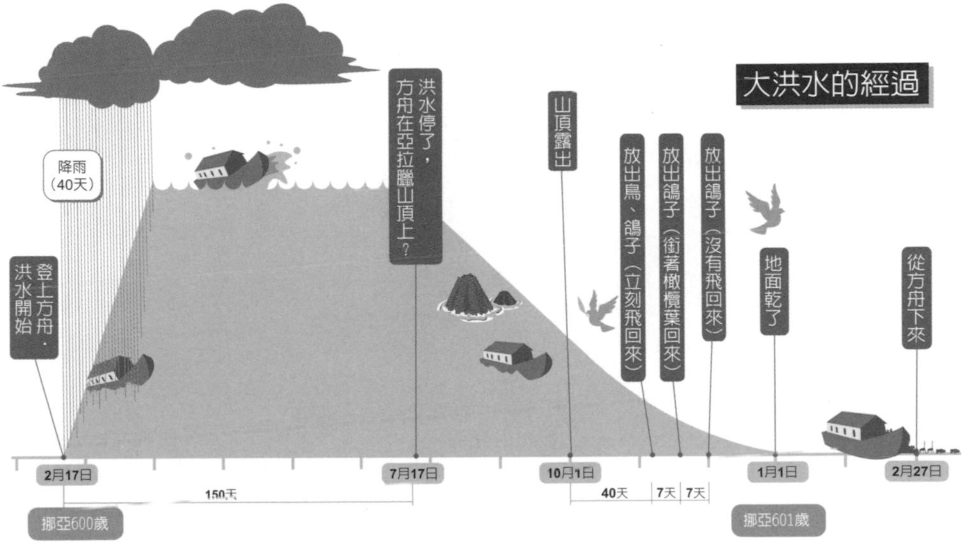

從挪亞擴展出去的民族

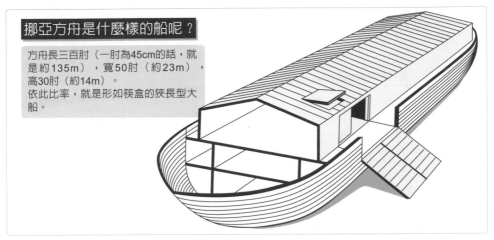

巴別塔

導致世界混亂的建築物

建設通天塔

以前的人都使用同一種語言，說同樣的話。他們遷移到東方，在南美索不達米亞發現一塊平原，就在那裡定居。接著學會燒磚塊代替石頭，又用柏油當灰泥。他們彼此商量說：「來吧！我們來建造一座有通天塔的城市，不只能傳揚我們的名，也可以避免大家分散在全地上。」

大家就著手建造通天巨塔。可是神不可能看不出人類的企圖。神降臨看到人所建造的城和塔，就說：「他們開始成爲一樣的人民，說一樣的語言，這樣子以後他們要做什麼都擋不住了。我要立刻擾亂他們的口音，使他們的言語彼此不通。」

由於神下了這個決定，人們不再說同樣的語言，也就無法彼此溝通。人們想要用語言來統治變得不可能了，眾人不得不分散到世界各地，也就停止了建設該城。

這座城的名字「巴別」是「變亂」的意思。因爲神使那裡的語言混亂，而使人們從那裡分散到全地。

故事揭示的強烈訊息

這個故事也可以解釋成，現今世界上之所以有那麼多語言，就是神對於人類想要建巴別塔的傲慢所下的審判。但這個故事所含帶的訊息並不只是這樣。

這座城的名字是「巴別」，也是在古代美索不達米亞握有絕大權力的巴比倫首都巴比倫的希伯來語形，在阿卡德語中意指「諸神之門」。而巴比倫城中確實聳立著一座巨塔。這座塔是階梯式的建築物，稱爲「廟塔（Ziggurat）」。

巴比倫在當時被視爲聯繫諸神與地上的世界中心。

古以色列人知道巴比倫有這座廟塔，因此把他們對巴比倫的強烈批判加進這篇故事，認爲巴比倫雖然有傲然的莫大權力和文明，表面上是統治人民的世界中心，實際上卻是「混亂」的源頭。

儘管如此，爲什麼人類企圖建造巨大的建築物呢？因爲高塔超越了建築具有的功能，聳立天際的樣子能令人產生敬畏之心，容易變成權力的象徵。因此人類永遠也不會停止建設「巴別塔」。

有廟塔的古代美索不達米亞

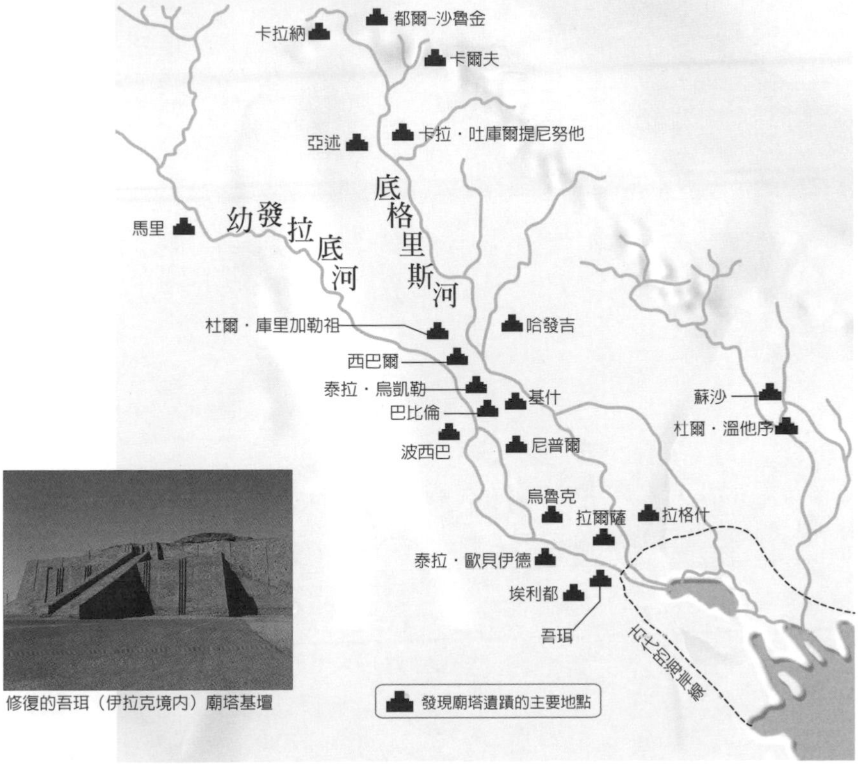

修復的吾珥（伊拉克境內）廟塔基壇

世界語言分佈圖

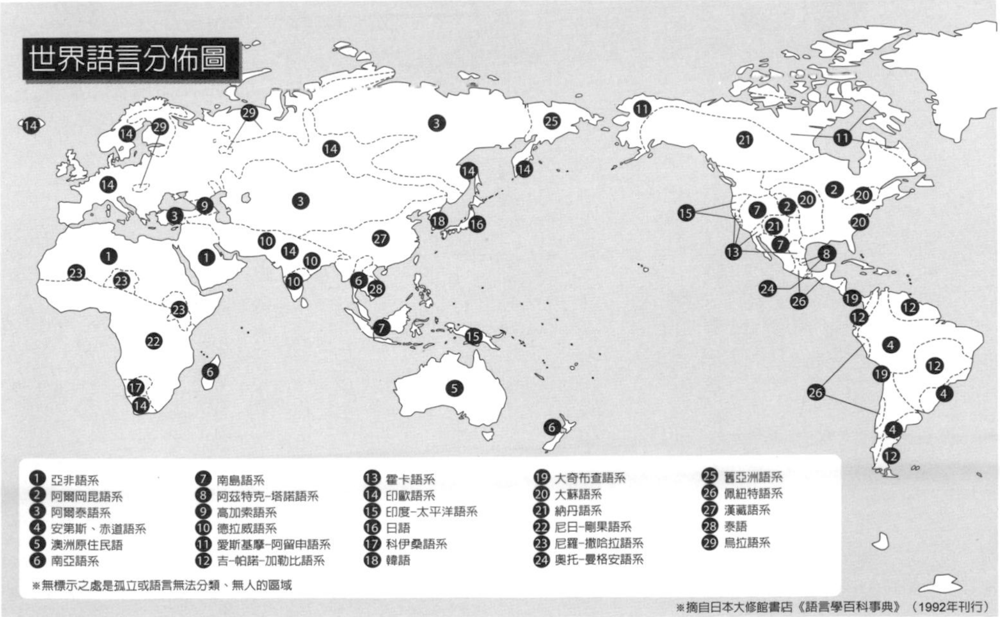

1 亞非語系
2 阿爾岡昆語系
3 阿爾泰語系
4 安第斯、赤道語系
5 澳洲原住民語
6 南亞語系
7 南島語系
8 阿茲特克-塔諾語系
9 高加索語系
10 德拉威語系
11 愛斯基摩-阿留申語系
12 吉-帕諾-加勒比語系
13 霍卡語系
14 印歐語系
15 印度-太平洋語系
16 日語
17 科伊桑語系
18 韓語
19 大奇布查語系
20 大蘇語系
21 納丹語系
22 尼日-剛果語系
23 尼羅-撒哈拉語系
24 奧托-曼格安語系
25 舊亞洲語系
26 佩紐特語系
27 漢藏語系
28 泰語
29 烏拉語系
※無標示之處是孤立或語言無法分類、無人的區域

※摘自日本大修館書店《語言學百科事典》（1992年刊行）

亞伯拉罕

被譽爲「信仰之父」的以色列祖先

流浪生涯與神賜予的承諾

亞伯拉罕在美索不達米亞地區加勒底的吾珥出生，他是挪亞兒子閃的子孫，後與家人一起遷居到北方敘利亞的哈蘭。有一天，他聽到神的聲音。

「你要離開出生的故鄉和家族，到我指示的地方去。」

亞伯拉罕聽從神的指示，帶著妻子撒拉和姪子羅得，移居迦南地。但後來迦南地遭遇飢荒，他們就又遷到埃及。

埃及的生活並沒有持續很久。離開埃及的途中，亞伯拉罕決定與羅得一家人分開生活，因爲彼此都擁有許多家畜和財產，地方太小，無法一起居住。羅得一族前往肥沃的低地，亞伯拉罕則回到迦南地。神在那裡答應要給他土地和繁榮的子孫。可是亞伯拉罕與妻子撒拉一直沒有生育，就與撒拉的使女夏甲同房，生下兒子以實瑪利。

亞伯拉罕年滿九十九歲時，神又顯現，與他立約。神封他爲「多國的父」，答應賜給他迦南全地，作爲他和後裔永遠的屬地。亞伯拉罕原來的名字是「亞伯蘭」，神要他從這時候開始改名爲「亞伯拉罕」。

神以割禮（男性器包皮的割除儀式）爲立此契約的證據，也答應授予他無子的九十歲妻子撒拉一個男孩。

神命令殺子的試煉

神實現諾言，讓亞伯拉罕和撒拉生下期盼已久的兒子以撒。可是以撒的誕生卻使撒拉和長男以實瑪利的母親夏甲關係惡化。亞伯拉罕非常苦惱，最後將夏甲和以實瑪利放逐。

後來神爲了試探亞伯拉罕，命令他把兒子以撒帶上山燒死獻給神。亞伯拉罕照著命令把以撒帶到摩利亞山上，然後築祭壇，擺好柴薪，把以撒綁起來，放在祭壇的柴薪上。接著要拿刀去砍以撒的喉嚨時，天使出聲叫喚：「不要對這孩子下手。現在我知道你是敬畏神的人了。」

神就祝福亞伯拉罕。

「你的子孫會多到像天上的星星、海邊的沙子一樣。地上所有的人都會因你的後裔得福。」

亞伯拉罕原本是個牧羊人，在巴勒斯坦各地過著流浪的生活，後來就成了古以色列民族的祖先。他的一生成就都是來自神的揀選和承諾。又因爲他對神絕對的信任和服從，而被譽爲「信仰之父」。

亞伯拉罕的足跡
裏　海
2.從哈蘭到迦南
哈蘭
亞述
敘利亞
底格里斯河
地 中 海
迦南
示劍
幼發拉底河
巴比倫尼亞
3.從迦南到埃及
耶路撒冷
巴比倫
別是巴
吾珥
南地
1.從吾珥到哈蘭
埃及
4.從埃及到南地
波斯（阿拉伯）灣
尼羅河
紅海

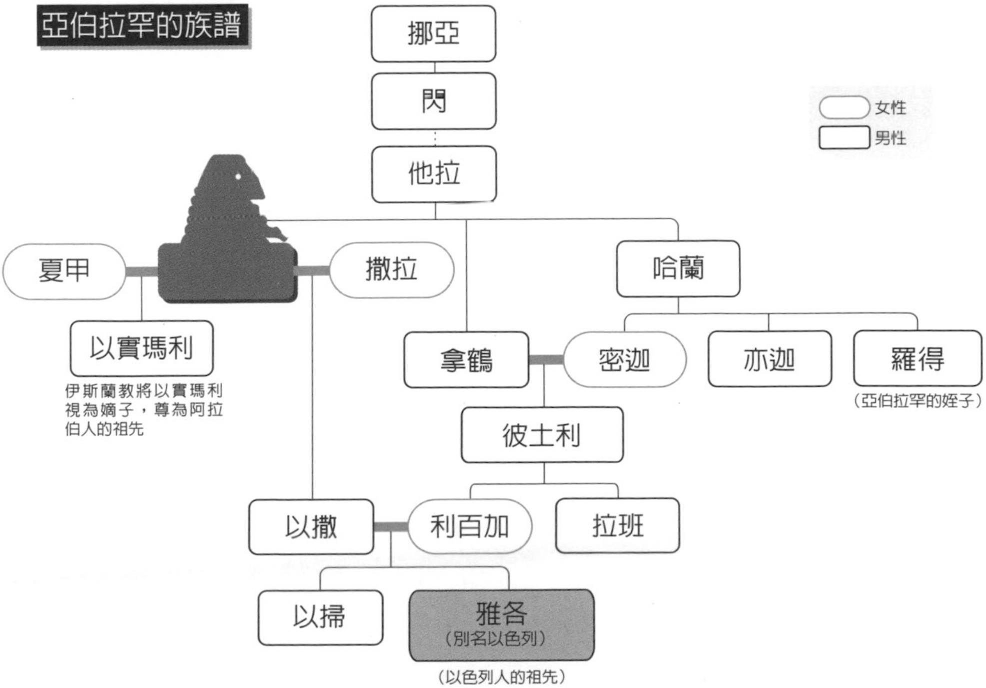
亞伯拉罕的族譜
挪亞
閃
他拉
女性
男性
夏甲
撒拉
哈蘭
以實瑪利
伊斯蘭教將以實瑪利視為嫡子，尊為阿拉伯人的祖先
拿鶴
密迦
亦迦
羅得
（亞伯拉罕的姪子）
彼土利
以撒
利百加
拉班
以掃
雅各
（別名以色列）
（以色列人的祖先）

所多瑪與蛾摩拉

神毀滅的罪惡之城

亞伯拉罕強硬的勸解

羅得一家與亞伯拉罕分開後，在所多瑪定居。所多瑪與蛾摩拉都是《聖經》中有名的罪惡城市。這裡的市民犯下許多罪行，惡名也進到神的耳裡。

有一天，亞伯拉罕聽到神表明說，有意消滅所多瑪和蛾摩拉。亞伯拉罕就說：「無論義人或惡人都要一起消滅嗎？如果城裡面有五十名義人，你不會因此饒恕他們嗎？審判全世界的神不是應該執行公義嗎？」

神聽到這番話，就回答說，如果有五十名義人，就會爲他們饒恕整座城。

亞伯拉罕又說，如果五十名義人中少了五名，就要全部消滅嗎？神聽到就說，如果有四十五名義人，就不消滅。

亞伯拉罕繼續執拗地交涉，將義人的數量減到三十人、二十人，結果只要有十名義人，城市就不會被消滅。

羅得一家逃離所多瑪

神爲了確定居民的素行，就只派了兩個天使去所多瑪。羅得正好在所多瑪城門口，看見他們，就起來迎接，歡迎他們造訪，請他們進門。可是有居民闖進羅得家，想要毆打天使。神看到他們敗德的行爲，決定照原計畫毀滅這座城。天使們就告訴羅得：「明天所多瑪和蛾摩拉就要毀滅了。你們逃命去吧，但是不可以回頭看。」

羅得雖然猶疑不定，還是帶著一家人逃出所多瑪。

第二天，太陽升起時，所多瑪和蛾摩拉上方降下了硫磺與火，將兩座城和低地一帶、所有城民、地上的草木全部剿滅。羅得的妻子了在逃命途中回過頭去，立刻化爲鹽柱。

後來羅得與兩個女兒在山上的洞窟住下。有一天，女兒們讓羅得喝葡萄酒，趁他醉酒時與他同寢，分別生下一個兒子。長女的兒子是「摩押」，次女的兒子是「便亞米」，分別成了摩押人和亞捫人的始祖。

所多瑪城與蛾摩拉城真的存在嗎？

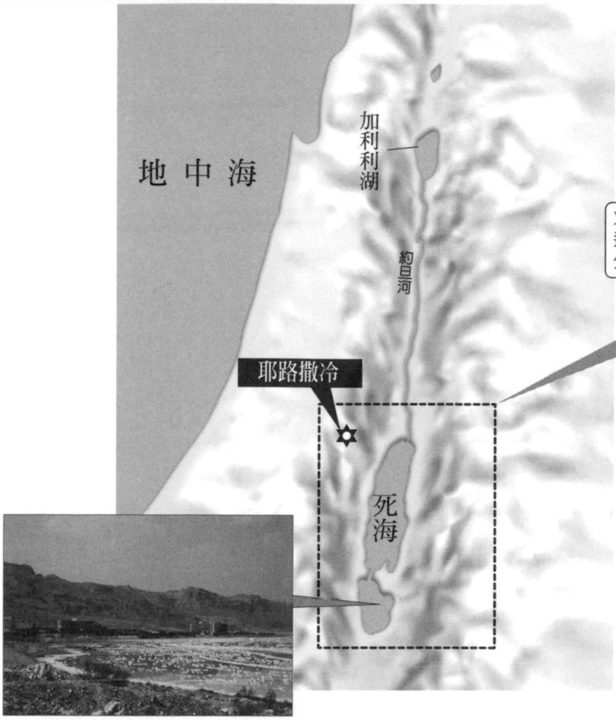

死海的海面下約深400m。沒有河水流出，每年都會蒸發大量的水，因此含鹽度極高。

所多瑪與蛾摩拉的可能位置

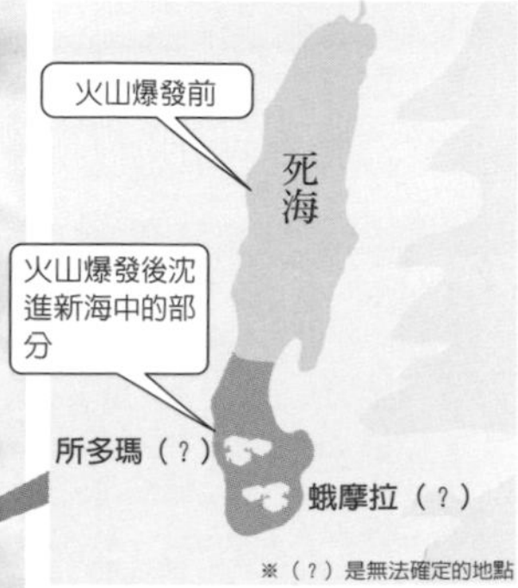

※日本竹內均的《科學證明出的舊約聖經真相》一書中有提到所多瑪與蛾摩拉沈進死海的說法，但確實位置無法斷定。

被稱為「羅得之妻」的鹽柱

位於死海西南岸的哈爾・塞多姆。突出的岩石狀似女人。

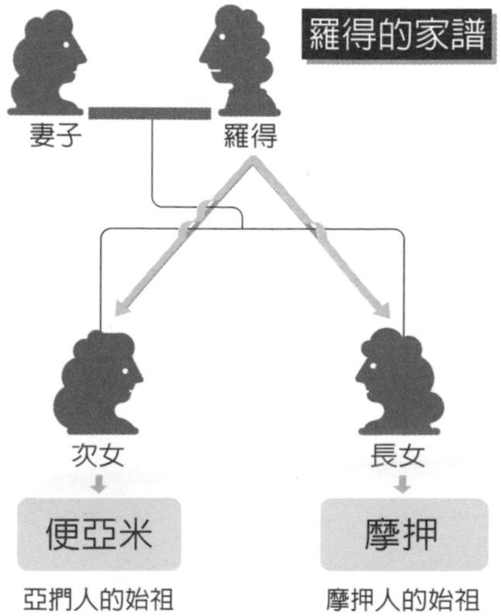

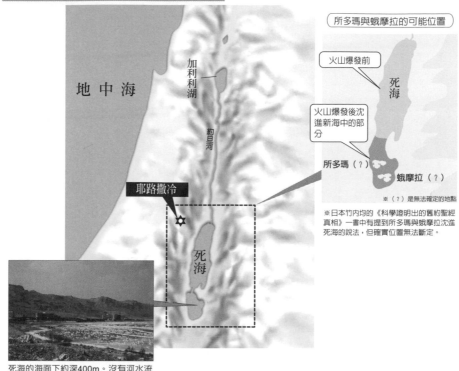

雅各與以掃

為祝福而起的手足之爭

雅各奪走哥哥的長子權利

亞伯拉罕的兒子以撒和妻子利百加生下雙胞胎，給哥哥取名爲以掃，弟弟是雅各。以掃是獵人，雅各是住帳篷的人。以撒偏愛以掃，利百加則偏愛雅各。

以撒年老時，對以掃說想要吃用獵物做成的美味，然後要給長子祝福。母親利百加聽見，就想出一個計謀，趁以掃去打獵時，叫雅各裝成以掃。爲了欺騙眼睛昏花的以撒，利百加叫雅各捧著她做的美味，穿上以掃最好的衣服，又用山羊羔皮包住手和脖子，裝成多毛的以掃，來到父親面前。

以撒摸摸雅各，就說：「聲音是雅各，手卻是以掃。」就給他祝福。不知情的以掃打獵回來時，以撒聽見以掃的聲音，知道被騙了，就激動地顫抖，告訴以掃，弟弟雅各用詭計奪走了他的福分。以掃一聽，就悲傷地放聲哭叫，要求父親也爲他祝福。可是已經沒有祝福給他了。

以掃大怒，發誓要對雅各報復。雅各很害怕，知道母親利百加的哥哥拉班住在哈蘭，就決定逃到哈蘭去。

他在路上枕著石頭睡覺時，夢到梯子上有神的使者在爬上爬下，神還在夢中答應賜給他土地和子孫，並確保他的人身安全。

雅各自稱「以色列」

雅各到了哈蘭，在叔叔拉班那裡辛勤工作，娶了拉班兩個女兒利亞和拉結爲妻。姊妹兩人在生育上互相較勁，甚至動員自己的使女。結果姊姊利亞生下六個兒子，利亞的使女悉帕生下兩個，妹妹拉結生下兩個兒子，拉結的使女辟拉也生了兩個兒子。這十二個兒子成了以色列十二支派的祖先。

雅各獨立之後，回到故鄉，請求哥哥以掃原諒。以掃已經不生氣了，就出來迎接雅各，兄弟就此和解。

蒙受神的揀選和祝福的不是正直的以掃，而是行事狡猾的雅各。雅各一行人要去和以掃重逢的途中，曾在約旦河的支流毗努伊勒的雅博渡口過夜。神（天使）出來和雅各搏鬥了一個晚上。最後雅各獲勝時，神祝福他，叫他以後要改名爲「以色列」。這在日後成了以色列的族名。

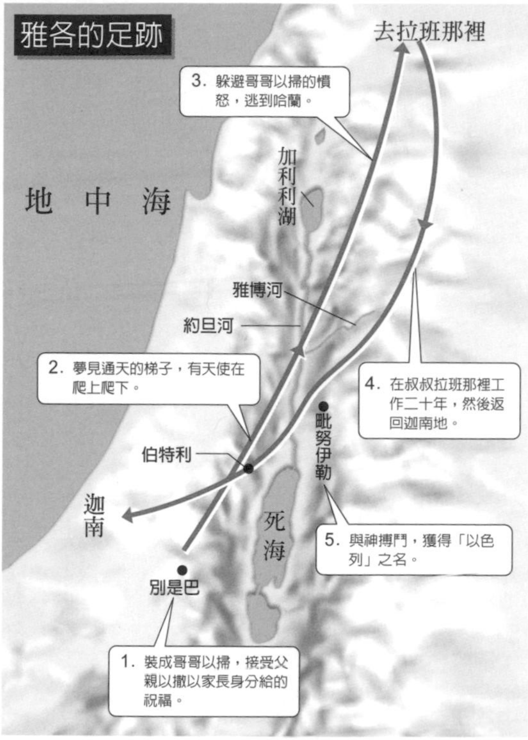

與雅各有關的詭計

雅各的計謀

哥哥以掃餓著肚子回來時，想要吃雅各的紅豆湯，雅各叫他用長子的特權來交換。

雅各與母親利百加共謀

假裝是哥哥以掃，接受長子專有的祝福。

雅各的叔叔拉班的陰謀

拉班為了把雅各留在手邊做工，答應把美麗的次女拉結嫁給他，卻在他工作七年後讓他和長女利亞結婚。

拉班於七年後的承諾

趁著夜色讓他和利亞結婚，而在雅各知道真相後，答應只要他再工作七年，就把拉結許配給他。

雅各的十二個兒子與十二支派

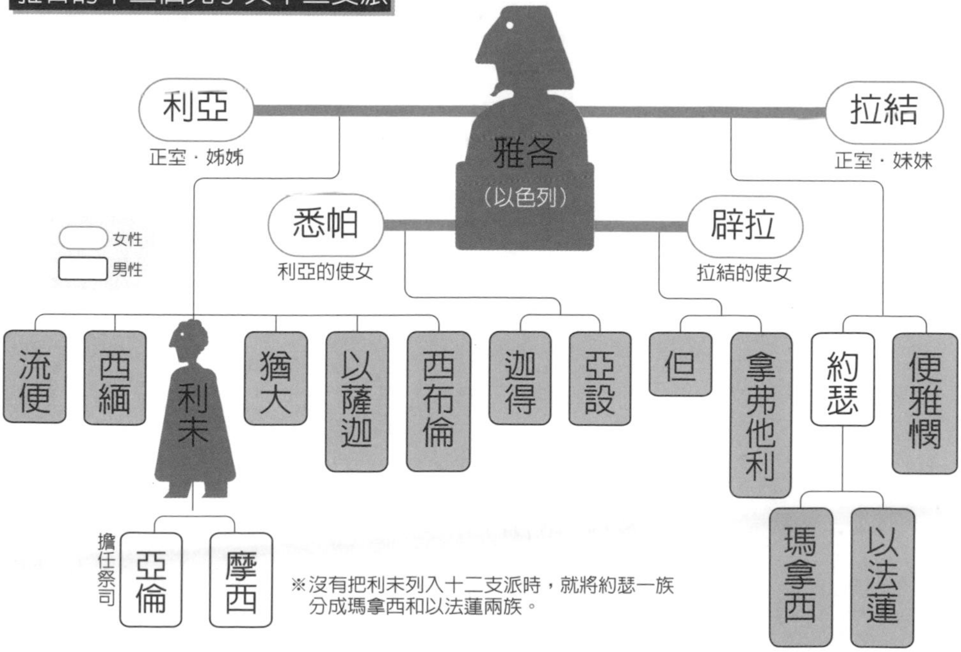

※沒有把利末列入十二支派時，就將約瑟一族分成瑪拿西和以法蓮兩族。

約瑟和他的兄弟

雅各的兒子表現出眞正的手足之情

雅各的頭生子被賣到埃及

約瑟是雅各和拉結的頭生子，當時已經年邁的雅各特別寵愛他，因此飽受異母兄弟的排擠。在約瑟說出夢見家人對他跪拜的事情後，兄弟對他的怨恨就更深了，於是在有一天，兄弟們把他賣給從附近經過的商隊。兄弟把約瑟沾了山羊血的衣服拿給父親雅各看，雅各以爲約瑟被野獸咬死了，悲痛萬分。

至於被帶到埃及的約瑟，後來被宮廷內的護衛長波提乏買下，很快就嶄露頭角，甚至爲波提乏掌管家中大小事情。但因爲他屢次拒絕波提乏妻子的誘惑，而被蒙上不白之冤，進入牢獄。

不過約瑟在獄中爲替酒政官和膳長解夢而出了名，而得以進宮爲埃及王，亦即法老解夢。約瑟釋釋說，法老的夢是在預告飢荒來臨，也提出了解決對策。約瑟就這樣得到法老的信任，最後更晉升到宰相的地位。

與兄弟們重逢與和解

果然如約瑟的預告，埃及發生了飢荒，而且蔓延到雅各一族居住的迦南地。約瑟的哥哥們去埃及買糧食，約瑟隱瞞身分接見他們，誣指他們是奸細，把他們關進牢裡。

哥哥們在被捕後互相討論說，一定是因爲以前對弟弟做了那件事才會受到這種報應。約瑟聽見了，產生對故鄉無盡的懷念，而一個人流下淚來。

爲了叫他們把同胞弟弟便雅憫帶來，約瑟留下一個哥哥西緬當人質，讓其他哥哥帶著糧食回家。

後來兄弟們說服了父親雅各，帶著便雅憫再度來到埃及。約瑟看到便雅憫，就又進到別的房間哭泣。

約瑟給予兄弟們糧食，準備放他們回家時，想要把便雅憫留在身邊，就設計陷害便雅憫，說他偷了銀杯，將他逮捕。這時哥哥猶大出面袒護便雅憫，說他願意替弟弟當奴隸，請約瑟放過弟弟。約瑟聽到這番話，終於克制不住情緒，向兄弟們坦白，自己就是被賣到埃及的約瑟。兄弟們吃驚得說不出話來。約瑟就說：「請不要爲之前賣掉我的事情懊悔。這是神派我在你們之前來到這裡。」

約瑟與兄弟們重逢、和解之後，也把父親雅各接來，一家人在埃及團圓。

約瑟的夢和解釋

約瑟的「麥束的夢」
約瑟和兄弟在捆麥子，約瑟的麥束捆好站著，哥哥們的麥束對著他的下拜。
↓
約瑟成為兄弟的支配者

約瑟的「太陽、月亮和星星的夢」
太陽是父親雅各的象徵，月亮是母親拉結，行星則是後來成為族長的十一名兄弟。
↓
每個星球都在對約瑟下拜。

酒政官的夢
有三條藤蔓的葡萄樹結果，我把葡萄擠在法老的杯中遞給他。
↓
經過三天就會回復原職。

膳長的夢
我頭上頂著三個筐子，裡面裝著為法老做的各種食物，有飛鳥過來吃。
↓
經過三天就會被在綁在木頭上處刑，有飛鳥來吃他的肉。

法老的夢
在七隻又美好又肥壯的母牛之後，來了七隻又醜陋又乾瘦的母牛，把前面七隻吃掉。七束肥美的麥穗之後長出細弱的麥穗，將前面的麥穗吞下。
↓
七年的豐收之後會有七年的飢荒

約瑟的生平

- 0歲 — 出生為雅各的第十一子
- 17歲 — 異母兄弟施計將他賣到埃及當奴隸
- 28歲 — 在監獄為法老的酒政官和膳長解夢
- 30歲 — 出獄為法老解夢。被任命為埃及的宰相
- 37歲 — 命令哥哥們把他的親弟弟便雅憫帶來
- 38歲 — 哥哥們把便雅憫帶來後，與他們和解
- 40歲 — 全家從迦南遷到埃及
- 57歲 — 父親以色列（雅各）死去，享年147歲
- 110歲 — 死亡

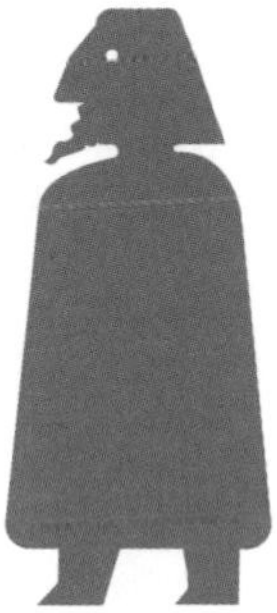

古代西亞的周邊區域

	埃及（尼羅河）	迦南（巴勒斯坦）	美索不達米亞（底格里斯、幼發拉底河）
公元前3000年	初期王國（公元前3000年） ↓ 古王國時代（公元前2700~2200年） 金字塔時代。法老統治人民。 首都是孟斐斯 ↓ 第一中間時代（公元前2200~2000年） 亞洲異族入侵	初期青銅器時代（公元前3000年） 展開都市建設	蘇美人的王國（公元前3000年） 建立吾珥、烏魯克、拉格什等城市國家。 閃族王薩爾貢一世首次統一美索不達米亞（公元前2530年） ↓ 蘇美人復興（公元前2200年~2000年）
公元前2000年	古王國時代（公元前2000~1780年） ↓ 西亞發生民族大遷移，閃族系的異族受到影響，而入侵埃及（公元前1730年） ↓ 此後統治長達100年	中期青銅器時代 埃及統治迦南	阿莫里特人建立古巴比倫王國（公元前2000年~1600年） 漢穆拉比王（第六代）時代統一美索不達米亞 制定漢穆拉比法典

摩西與出埃及記

以色列人脫離埃及

神呼召摩西

約瑟的時代之後，光陰繼續流轉，以色列人在埃及生養眾多。法老王深感威脅，就虐待以色列人，要他們擔負過重的勞役，還下令殺害他們生下的男孩。

這時有個以色列人的嬰兒被放在蒲草箱中，置於尼羅河的蘆葦叢裡。法老公主來河邊沐浴時，撿起這個孩子，放在手邊撫養，把他命名爲「摩西」。

摩西順利長大成人，有一天看到一個埃及人在鞭打以色列同胞，就殺死那名埃及人，結果被他人發現。摩西自覺生命受到威脅，就逃到米甸地。

米甸的祭司葉忒羅和七個女兒同住。女兒們在井邊餵羊喝水時，有米甸的牧羊人過來阻擋，摩西看到就挺身而出。葉忒羅聽說摩西幫忙的事，就邀請他來吃飯，而且把女兒西坡拉嫁給他。

有一天，摩西帶著羊群登上神的山，也就是何烈山時，荊棘被火燃燒，而且燒都燒不完。摩西驚訝地靠過去看，就聽到聲音說：「這裡是聖地，把鞋子脫掉。」神隨即出現，指示他把以色列人從埃及帶到迦南。摩西起初不敢受命，經過神的鼓勵，才敢接下這個任務。

紅海中發生的驚人奇蹟

摩西和哥哥亞倫一同回到埃及，要求法老解放以色列人。法老不肯。摩西爲了證明這個要求是出於神意，就給埃及降下一連串的災禍。

直到發生了第十次災禍，法老才答應讓以色列人離開。那件災禍使埃及人所有的頭生子全部死亡，以色列人則是用小羊血塗在門口，而避開這場劫難。此事在日後成爲以色列人所慶祝的「逾越節」。

在摩西的領導下，以色列人出了埃及，法老卻改變主意而從後追擊。這時以色列人已經抵達紅海，埃及軍隊卻在背後逼近。一群人正在走投無路時，驚人的事情發生了。摩西向神祈求，水就分成了兩邊。以色列人一穿過海床，兩邊的水就在埃及軍隊開始渡海時合攏，將整支軍隊吞沒。

以色列人就這樣千鈞一髮地逃過危機，前往迦南，也就是神所應許的「流奶與蜜」的豐饒地。然而在他們抵達之前，還得熬過許許多多的試煉。

以色列人行經的路線

※脫逃路線取自山我哲雄所著的《雜學三分鐘具像圖解系列聖經》

降給埃及的十件災禍

- ① 血災 → 尼羅河水變成紅血
- ② 蛙災 → 青蛙佈滿埃及全境
- ③ 虱災 → 灰塵變成虱子攻擊人和家畜
- ④ 蠅災 → 蒼蠅侵襲全境
- ⑤ 畜疫之災 → 疫病侵襲埃及人的家畜
- ⑥ 瘡災 → 灰塵落在家畜身上，變成流膿的瘡
- ⑦ 雹災 → 冰雹降落，打在人和家畜身上
- ⑧ 蝗災 → 蝗蟲過境，吃掉所有樹木
- ⑨ 黑暗之災 → 連續三天埃及全境籠罩黑暗
- ⑩ 頭生子之死 → 所有埃及人的頭生子都死去

↓

獲准離開埃及

猶太教的三大節日

逾越節、住棚節都是紀念脫離埃及的節日

逾越節 	紀念逃過左表第十個災禍「頭生子之死」的節日。「逾越」是等災難過去的意思。當日的食物要以不摻酵母的麵包和苦菜為主（除酵節）。）
收穫節 	在逾越節後的第七週舉行的大麥收割節。
住棚節 	以色列人脫離埃及之後，暫時住在帳棚裡，因此要建造有草編屋頂的棚舍，在七天期間在裡面吃飯。

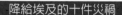

十誡與金牛犢

與神在西奈山立約

摩西獲神頒授「十誡」

出了埃及之後，摩西率領的以色列人來到西奈山下，在那裡紮營。

摩西奉神之令爬上神聖的西奈山時，神對他說：「只要以色列人聽從我，遵守我的契約，我就會把他們當作特別聖潔的國民。」

摩西下山，向同胞轉述神的話，他們就發誓要聽從神。摩西向神奏告民意，神發出聲音，摩西就再度和隨從約書亞登上西奈山。

神從山上籠罩的雲團中呼喚摩西，對於等在山下的以色列人來說，那樣子看起來好像山頂上熊熊燃燒的火。

神頒給摩西兩塊寫著戒律的石板，這就是「十誡」。摩西在山上連續待了四十個晝夜。

背叛神所受到的試煉

由於摩西遲遲不回來，西奈山下的人都等得不耐煩了。他們把佩戴的金耳環交給摩西的哥哥亞倫，請他用金子打造神像。

亞倫聽從人民的請願，鑄了一隻牛犢。人民就宣稱這座雕像才是引領大家離開埃及的神，而在牛犢前面築壇，開始嬉鬧玩樂。

摩西拿著記載十誡的石板下山時，以色列人正在對金牛犢跳祭舞。摩西看到氣得發抖，把手上的石板舉起來摔破，再用火焚燒牛犢雕像，把它磨得粉碎。

由於這件事，必須重立西奈山上的契約。神要摩西準備兩塊石板，再次爲他刻下十誡。

後來以色列人仍必須在酷熱的荒野中繼續辛苦的旅程。他們不只是缺糧缺水，也聽說在其目的地居住的迦南人武力強大而心生畏懼，不斷地向摩西和神抱怨，最後甚至說出想要回埃及過奴隸生活的話來。他們任性的舉動讓神氣憤不已，而使他們在荒野生活了四十年，直到那個世代的人都死絕爲止。

有出埃及經驗的世代中，只有毫不抱怨、也沒有失去勇氣的迦勒和約書亞得以進入迦南。連摩西也未獲准踏上應許之地。他在最後對以色列人回溯出埃及以來的歷史，說明應遵守的律法。

神讓摩西站在耶利哥對面的尼波山頂。摩西就在俯瞰神應許的迦南地時與世長辭。

刻在石板上的十誡

第五項「要尊重父母」似乎是對人的義務，但是「十誡」將人之父母視為神的代表，因此列為對神的義務。

以色列人搭設的帳篷構造和十二支派的營地配置

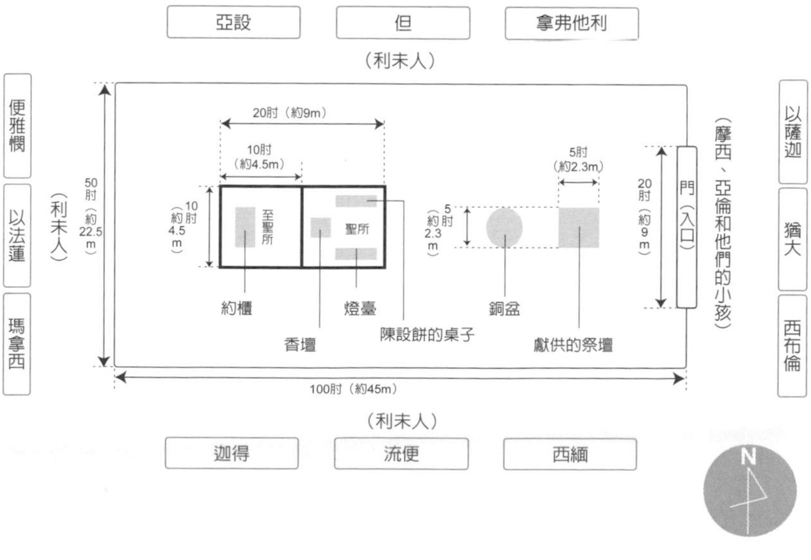

※參考《舊約聖經（1）（舊約聖經翻譯委員會編／日本岩波書店）》製作

第2章
王國的歷史
—以色列的軌跡—

約書亞與定居迦南

以色列人爲應許之地作戰

摩西的繼承人約書亞

摩西望著應許之地迦南溘然長逝，嫩的兒子約書亞被選爲繼承人。以色列人還在曠野中流浪時，他就是摩西的副指揮官，也是被派去迦南偵察的人。以色列人在約書亞的帶領下，來到迦南地入口，也就是耶利哥城的前面。

耶利哥圍繞著堅固的城牆，由亞摩利人統治。約書亞派遣兩名斥候，去調查這座城。斥候住在妓女喇合的家裡，卻遭人告發，身分敗露。喇合和他們談好條件，在耶利哥遭到攻擊時能確保家人安全，才幫助兩名斥候平安離開耶利哥。

做完城市的調查，神命令約書亞渡過約旦河。七名祭司扛著裝著十誡的約櫃開始渡河時，上游的水奇妙地停住了，約旦河變成乾地，以色列人就這樣渡過約旦河，終於踏上神應許的迦南地。

征服迦南地

攻擊耶利哥的時辰到了。以色列人遵照神的命令，由扛約櫃的七名祭司帶頭，每天一次，連續六天繞著耶利哥行走。第七天繞了第七次，吹響號角，眾人一呼喊，牢固的城牆就崩塌了。以色列人侵入城內，消滅城裡所有的人和牲畜。

攻陷耶利哥之後，約書亞又派三千名士兵攻打艾城，卻吃了敗戰，因爲征服耶利哥時，一個叫亞干的人私藏取自耶利哥的戰利品。事情爆發後亞干與家人都被用石頭打死。而約書亞再次進攻艾城，這回順利攻陷了。

約書亞從約旦河西岸的吉甲闖蕩到地中海沿岸的迦薩，一路攻城掠地，也南下消滅了曠野中的諸多城市，連北方的夏瑣也攻佔了。迦南就這樣幾乎全部征服，約書亞的戰爭結束了。

約書亞將獲得的土地分給以色列十二支派，並在示劍聚集所有以色列人，向他們轉述神的話。人民發誓要繼續事奉神，並立大石爲證。

可是，這段時期並不是只有以色列人住在迦南地。約旦河東岸有以東人、摩押人、亞捫人，海岸平原有非利士人定居，各自建國。以色列人定居後，勢必會與周邊民族頻頻發生激烈的戰爭。

約書亞進攻迦南

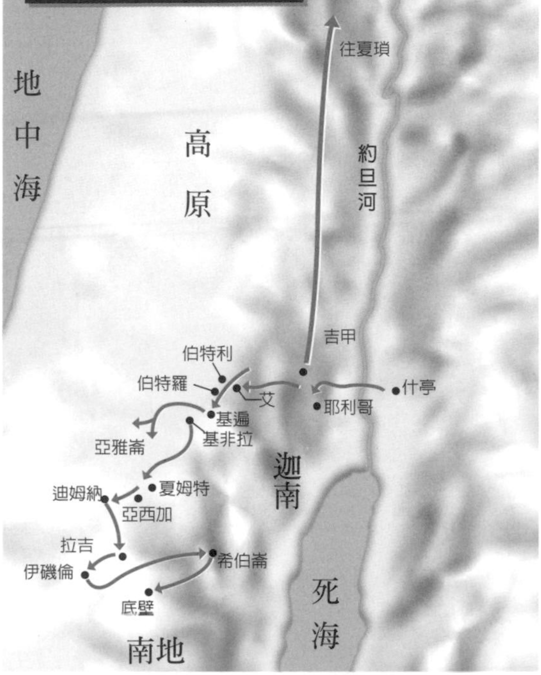

約書亞被選為摩西的繼承人
▼
攻陷約旦河西岸的耶利哥城
▼
攻陷西部的艾城
▼
耶路撒冷、希伯崙、耶末、拉吉、伊磯倫等五城的王聯盟對抗以色列
▼
約書亞在瑪基大打敗五王，佔領瑪基大
▼
佔領立拿、拉吉、伊磯倫、希伯崙
▼
折回底壁，佔領該地
▼
征服包括山地、尼格夫、高原、山坡地的整塊區域
▼
征服卡得什巴尼亞到迦薩的地方
▼
征服北部的夏瑣和其盟國
▼
迦南地被以色列十二支派分割

有關定居迦南的三種說法

1.軍事侵略說

〈約書亞記〉中的故事大致上是根據史實。

2.和平滲透說

〈約書亞記〉的真實性薄弱，牧羊民族應該會經過很長的時間，以和平的方式變換成定居的生活。

3.撤退 / 革命說

各城市國家的貧農階層對抗統治階層，而形成新的共同體。

被以色列十二支派分割的迦南

士師時代

魅力十足的領導人拯救人民免於墮落

約書亞死後的以色列

約書亞死後，沒有人繼位整合以色列各支派的人。世代交替，人們忘了曾經爲了取得迦南地而與神並肩作戰的時代，開始去崇拜迦南的諸多神祇。神發怒，降下處罰，讓周邊民族去壓制他們。可是一旦以色列人悔改，向神求助，神就讓稱爲「士師」的魅力領導人出來拯救他們。士師辭世之後，以色列就再度墮落，就這樣不斷重複墮落——處罰——悔改——救贖的過程，這就是所謂的「士師時代」。

各種各樣的士師

【底波拉】女先知底波拉是在迦南的耶賓王欺壓以色列人二十年時出現。底波拉召集拿弗他利族和西布倫族共一萬人，編成軍隊，與擁有九百輛戰車的西西拉將軍作戰，獲得奇蹟似的勝利。西西拉將軍逃到基尼人希百的帳棚內，在熟睡中被希百的妻子雅億在太陽穴上釘釘子，而一命嗚呼。

【耶弗他】基列人耶弗因爲是妓女的兒子，而遭族人放逐。可是基列人受到亞捫人的威脅時，卻去拜託被他們趕走的耶弗他領軍。與亞捫人作戰之前，耶弗他立誓戰勝後要將第一個迎接他的人獻給神。神接受了這句誓言，讓耶弗他凱旋而歸。

然而第一個迎接耶弗他的人卻是他心愛的獨生女兒。女兒安慰終日哀歎的父親，決定犧牲自己。在那之前她先和朋友上山，花兩個月的時間爲必須終身守貞哀哭。

【參孫】在非利士人統治的時代，但族瑪挪亞的妻子不孕，有一天神的使者對她顯現，吩咐說：「妳不久就會懷孕。不可以讓那個孩子喝葡萄酒或烈酒，也不要用剃頭刀剃他的頭。」如此生下的孩子就是參孫。這個人具有超凡的神力，讓非利士人無力招架。

爲了除掉他，非利士人從參孫所愛的女性大利拉那裡問出他神力的來源。原來秘密就是頭髮。非利士人趁他睡著時剃掉他的頭髮。參孫頓時全身無力，落入非利士人的手中。

非利士人在神殿設宴慶祝時，也把參孫拖出來戲耍。這時參孫已開始長出頭髮，就請神恢復他的力氣。他用力拉倒與他綁在一起的兩根柱子，建築物崩塌，使在場的非利士人與他一同喪命。

主要士師作戰的可能場所

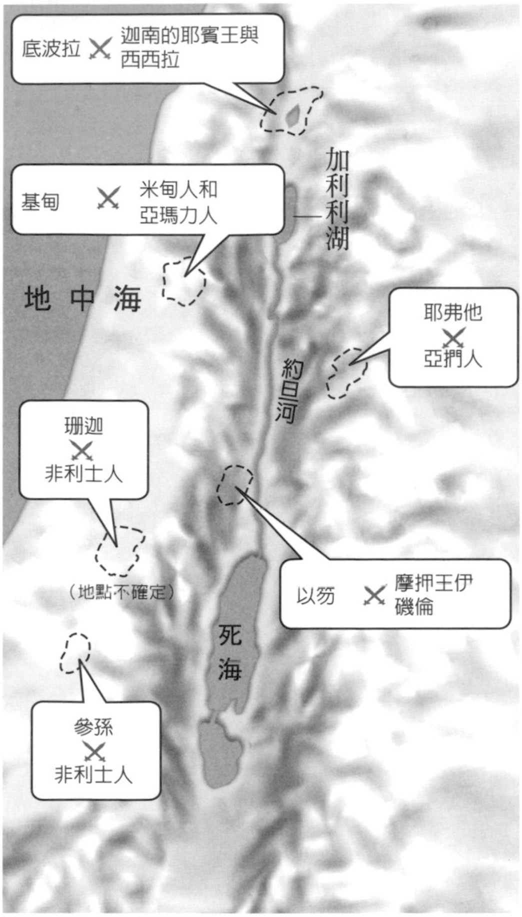

十二名士師

名字	出身地
俄陀聶	不明
以笏	便雅憫
珊迦	不明
底波拉	不明
基甸	瑪拿西
※陀拉	以薩迦
※睚珥	基列
耶弗他	基列
※以比讚	猶大（伯利恆）
※以倫	西布倫
※押頓	以法蓮
參孫	但

※記號是〈士師記〉中沒有記載戰事，而被稱為「小士師」的人。
耶弗他是「大士師」兼「小士師」。

（士師記）是採歷史故事的模式

撒母耳與掃羅

先知與以色列初代王的爭執

人民的領導人撒母耳

以法蓮山地有個名叫「以利加拿」的人，他的妻子哈拿一直沒有生育，覺得很苦惱，就對神立誓說：「只要賜我一個男孩，我就把他的一生獻給神。」這個神賜的小孩名叫「撒母耳」。哈拿將撒母耳交給聖殿的祭司以利撫養。

有天夜晚，年幼的撒母耳第一次聽到神的聲音。那是在宣告以利家的衰敗。後來撒母耳一邊侍奉神一邊長大，成爲傳告神諭的先知，得到全以色列的信任。

以利與兩個兒子在和非利士人作戰時死亡，撒母耳當上祭司，再度以士師身分，在伯特利、吉甲、米斯巴指導人民。非利士人來襲時，他們就在神的庇護下擊退敵人。

可是撒母耳年紀老邁時，以色列人和鄰近的國家一樣，想要有個國王來統領他們。撒母耳反對王制，向人民述說王制的缺失，人民卻不聽從。撒母耳告訴神人民的想法，神就說：「你就依從他們的願望，給他們立王吧。他們拒絕的不是你，而是我來當王統治這件事。」

於是撒母耳就依照神的指示，找到能夠當王的人。那個人就是掃羅。

以色列的初代王掃羅

掃羅是便雅憫族出身的年輕人。撒母耳找到掃羅，就爲他灌油膏，召集所有支派到米斯巴抽籤，立抽到籤的掃羅爲王。

掃羅擊退來犯的亞捫人，救出基列．雅比人。在吉甲聚集的人都認他爲王。後來他兒子約拿單和家臣率領以色列人，與非利士人和周邊民族作戰。

可是撒姆耳和掃羅的關係並沒有維持很久。掃羅逐漸不聽從撒母耳，撒母耳就預告說，掃羅會失去這個王國。

由於與亞瑪力人作戰時，掃羅違背了神「要滅盡一切」的命令，撒母耳終於對他徹底失望。撒母耳依照神諭，私下爲耶西的兒子大衛灌油膏。這個年輕人後來代替掃羅，成爲以色列王。

被撒母耳捨棄的掃羅遭到惡靈騷擾，爲了改善心情，就召了個豎琴演奏者，這個人就是大衛，

撒母耳死後，神就不再與掃羅對話。有一天，掃羅隱瞞身分，去造訪隱．多珥的女巫。撒母耳的靈魂被她召來，宣告說王國將會轉到大衛手裡。

掃羅與非利士人作戰時，在基利波山上，與兒子們被逼到走投無路，就用劍自刎了。

撒母耳與掃羅的足跡

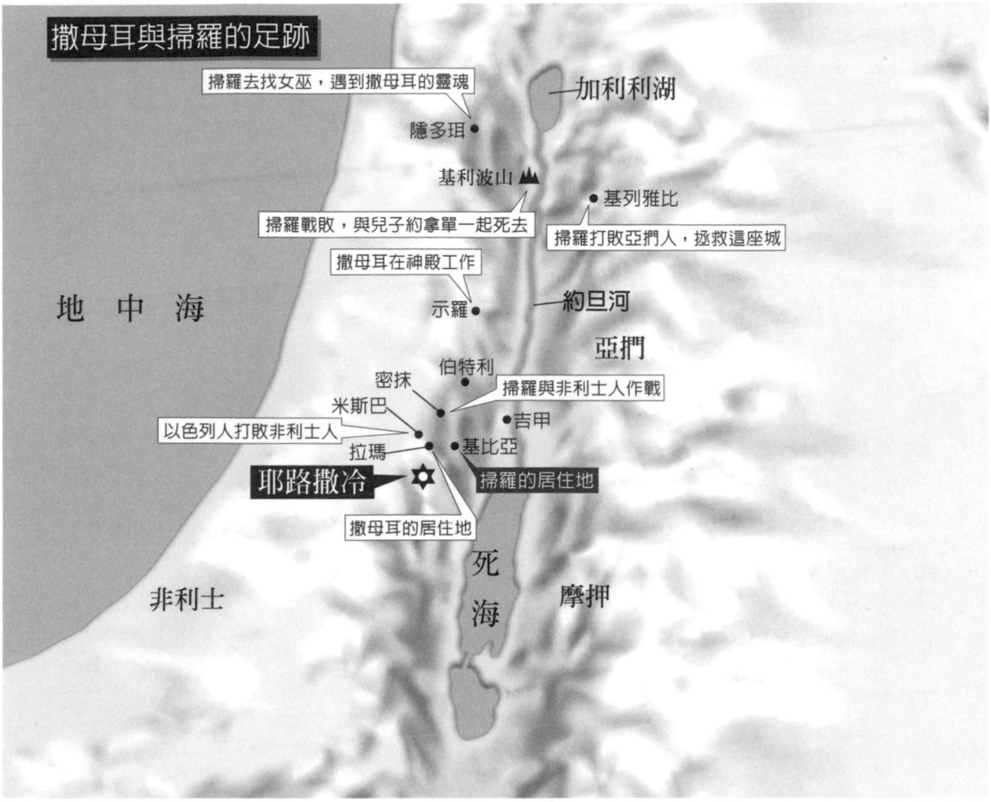

掃羅與撒母耳的事蹟

撒母耳誕生	掃羅誕生
↓	↓
被祭司以利扶養	在找驟子時遇到撒母耳
↓	↓
接受神的召喚和啓示	接受撒母耳灌油膏，成為以色列的初任王
↓	↓
以先知身分受到人民的信賴	與兒子約拿單率領以色列人對抗非利士人和周邊民族
↓	↓
接到神諭，為掃羅灌油膏封王	不遵從神的命令，被神捨棄
↓	↓
與不遵從神的掃羅分道揚鑣	已受撒母耳灌油膏的大衛奉召演奏豎琴服侍掃羅
↓	↓
依神的指示，為大衛灌油膏，表示他受神揀選	嫉妒大衛受人歡迎，想取他的性命
↓	↓
死去	在基利波山被非利士人擊敗，與兒子一起送命

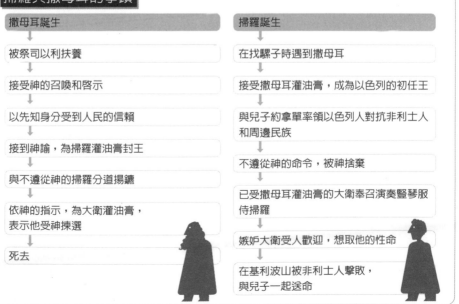

大衛王

統一以色列的國王光影

嶄露頭角的年輕人

大衛是住在伯利恆的耶西么子，曾經是豎琴名手，因此在掃羅王遭惡靈侵擾時，被召去彈琴，幫他解悶。

那時以色列開始和非利士人作戰。非利士軍隊有個名叫「歌利亞」的巨人，大衛請掃羅讓他去和歌利亞作戰。歌利亞看大衛還是個少年，根本不把他當一回事。大衛說：「我是靠著以色列的神名來和你戰鬥。」就從口袋拿出小石頭，用機弦甩石，石子嵌入歌利亞的額頭，讓他撲倒在地。

由於這場勝利，大衛被任命爲隊長，開始嶄露頭角，每次上戰場都獲勝。可是他的人氣越是高漲，掃羅就越嫉妒他，開始想要取他的性命。掃羅的兒子約拿單與大衛有深厚的情誼，每次都袒護他，還幫助他逃出掃羅的手掌心。有一次逃到非利士，有一次則是去請摩押王保護，躲過掃羅的追殺。

度過苦悶的晚年

掃羅與非利士人作戰時死亡，大衛接到通知後，就移到希伯崙，成爲猶大王。後來以色列的長老來希伯崙與大衛立約，他就這樣變成統一以色列的王。

大衛攻陷耶布斯人居住的重鎮耶路撒冷，作爲王國的首都。他在那裡透過先知拿單獲得神確保他一家安泰。

大衛以國王的身分統治希伯崙七年，耶路撒冷三十三年。後來大衛繼續征戰，陸續打敗非利士人等四周的敵國。基於這些偉業，大衛成爲理想的化身，人民開始相信救贖者（彌賽亞）會出身於大衛的故鄉伯利恆。

如此風光的大衛也有晦暗的一面。他與亞捫人激戰之際，在耶路撒冷看到家臣烏利亞的妻子拔示巴在夕陽下沐浴，就動了心，與她同床。知道她有身孕之後，大衛爲了隱瞞與她的關係，就召回烏利亞，要他回家與妻子同房。可是烏利亞卻與戰友在田野安營，沒有回家。大衛就寫信給司令官約押，交待他說：「把烏利亞安置在戰場最危險的前線。」約押照做，烏利亞就戰死了。大衛這個行爲遭到先知拿單強烈的抨擊。

後來爲了王位繼承的問題，大衛受到威脅。三子押沙龍殺害了長子暗嫩，起兵叛變，大衛一時之間被趕出耶路撒冷。後來雖然平息了叛亂，押沙龍卻被將軍約押殺死。大衛度過憂悶的晚年，讓拔示巴生的所羅門繼位後，就離開了人世。

大衛的王國

大衛的妻子

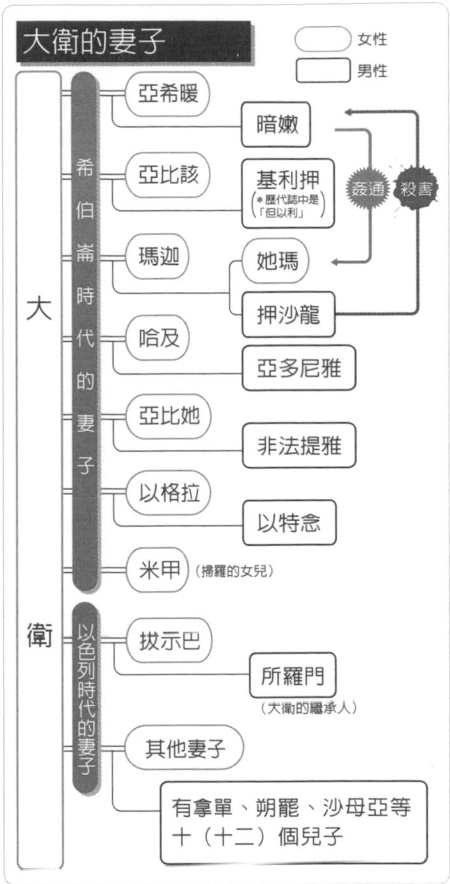

※當時的社會並未禁止多妻

大衛之星

迦弗農會堂遺跡上的浮雕

大衛之星是猶太教和猶太人的象徵，也出現在現代以色列的國旗上。

大衛之墓

在耶路撒冷據傳為「大衛之墓」的棺柩

第2章
王國的歷史
—以色列的軌跡—

所羅門王的榮華

繁榮至極的王國

所羅門王的睿智

大衛宣佈由他與拔示巴生下的第二個兒子所羅門繼位，就與世長辭了。所羅門處死與他爭奪王位的大衛四子亞多尼亞和支持他的司令官約押，再將祭司亞比亞他下放到鄉下，就此確立王權。

後來他在耶路撒冷西北部的基遍舉行盛大的獻祭。神出現在所羅門的夢中，告訴他什麼願望都可以爲他成全。他就說希望得到「正確審判人民，辨別是非的心」。神很高興，就答應賜予他充滿智慧的心、財富和尊榮。

所羅門王的睿智聞名全國。有一天，兩個都剛生下小孩的女人來到所羅門前面，其中一個的嬰兒死了，兩人卻都堅持活著的那個小孩是她的。所羅門聽了事情的經過，就下令說把小孩劈成兩半分給兩個女人，其中一個女人要求保全小孩的生命，寧願放棄自己的權利。所羅門王就宣佈這個女人才是小孩眞正的母親。阿拉伯的示巴女王也特地前來試探他，果然也對他的智慧大爲佩服。

在所羅門的治世中，周邊國家幾乎都臣服以色列。從幼發拉底河到非利士人的土地，一直到與埃及的國境，都是所羅門管轄的範圍。每個國家都要對他納貢順服。

建設神殿與王國的衰敗

所羅門建立官僚制，整頓國內制度，將王國分成十二個行政區，配置十二名官吏，並著手大規模的土木工程，強化國內各地的要塞城市。他也繼承父親大衛的遺志，爲了祭神安置約櫃，在耶路撒冷「大衛之城」的北部山丘興建神殿。

所羅門也致力於國外貿易，引進國外的香柏木和松木等木材與建築技術，而相對地輸出小麥、橄欖油等農產品。再進而活用位於西亞陸橋的地利，掌控從敘利亞沿著巴勒斯坦海到埃及的「海道」，以及約旦東岸通往南北的「王道」，獲得莫大的財富，也將榮華推到極致。

然而，這片繁榮底下卻也積了不少民怨，許多人爲重稅與強制勞動所苦。再加上他娶埃及法老王的女兒爲妃，也納入許多外國妻妾。妃子共有七百人，嬪有三百。所羅門爲她們建造異教神殿。這種背叛神的行爲也招致以色列人的抨擊。

構築在犧牲上的和平終究會崩毀。所羅門死後不久，王國就分裂成南北兩半。

所羅門時代的十二個行政區

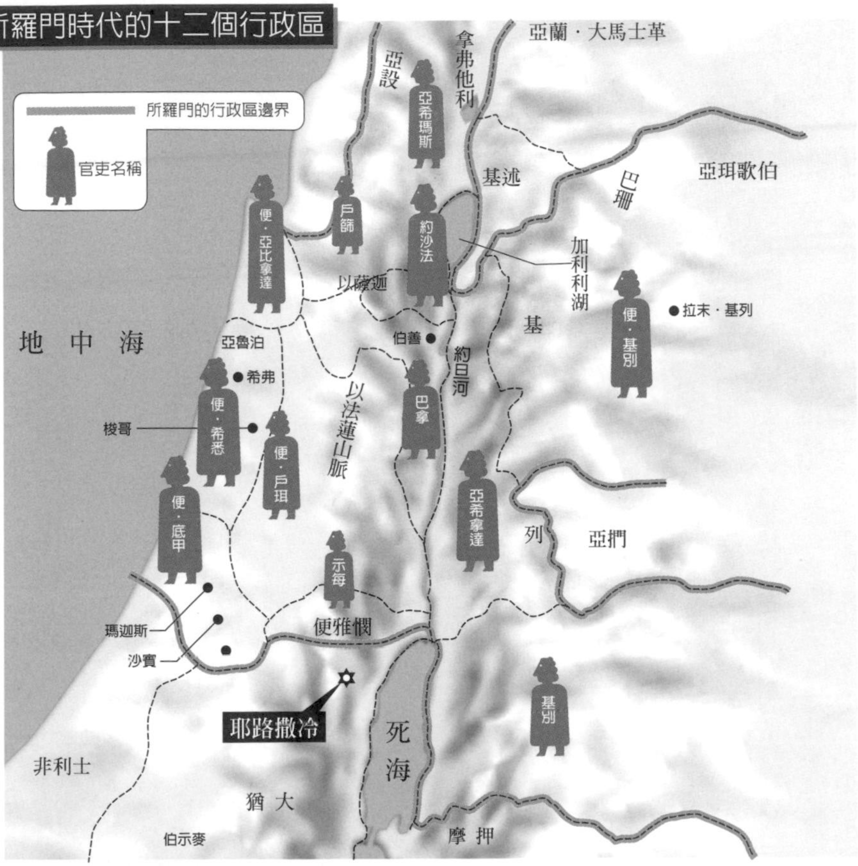

耶路撒冷神殿的歷史

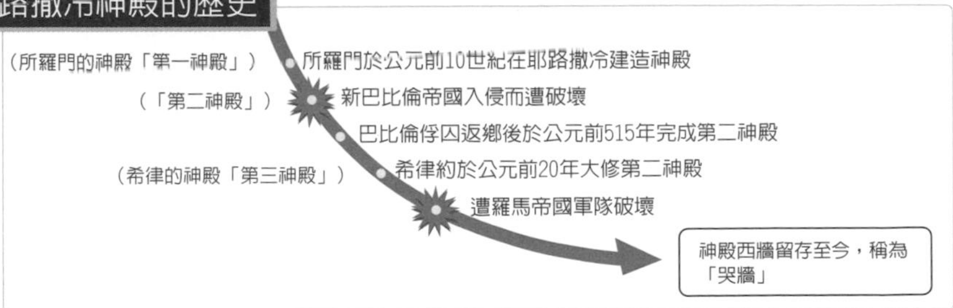

耶路撒冷神殿

（平面圖）

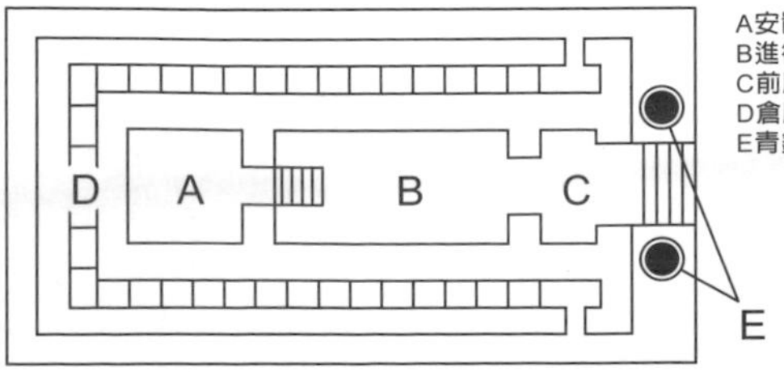

A安置約櫃
B進行禮拜等宗教儀式
C前廊
D倉庫
E青銅之柱

耶路撒冷神殿的模型

羅波安與耶羅波安

王國分裂成南北兩半

十支派對所羅門王的兒子不抱希望

在所羅門王時代，耶羅波安的才幹受到肯定而獲派為監工，先知亞希雅說他會成為以色列十個支派的王，因此被所羅門王追殺，逃到埃及。

所羅門王死後，兒子羅波安繼任。南部的猶大毫無異議，可是要叫北部十支派點頭卻沒那麼容易。他們去請流亡埃及的耶羅波安回來，推為代表，去向羅波安陳情說，人民在所羅門時代負擔沈重，希望能減輕苦役和重稅。

羅波安答應三天後給他們回覆。他先去找曾事奉先父的長老商量，聽到應該厚待人民的建言，他卻不採納，又去和服侍他的年輕人商量。這些人不願意聆聽百姓的心聲，建議他要盡量壓制他們。結果羅波安接受了這種做法。

三天後，羅波安宣布比之前更重的勞役和重稅，使得以色列十支派不再對羅波安懷抱希望，宣稱要推耶羅波安為王，脫離統一王朝。

王國就這樣分裂成北部的以色列王國和南部的猶大王國，兩個王國此後再也沒有統一。

耶羅波安的罪行

登上以色列十支派的王位之後，耶羅波安先是重建示劍，然後重建毗努伊勒為都城。後來他又遷都到得撒。

耶羅波安認為百姓前往安置約櫃的耶路撒冷神殿獻祭，民心就會偏離，自己的王國也有遭叛變之虞，因此在王國北端的但和南端的伯特利建造神壇，安置「金牛犢」。這件事就是後人所稱的「耶羅波安的罪行」，也是日後北以色列王國滅亡的原因。他還在王國各地建築神壇，任命的祭司也不是代代傳遞祭司職的利末人子孫。他甚至制定傳統祭日，自己上壇獻祭。

對於這樣的耶羅波安，曾經預告他會當王的先知亞希雅又預言王朝會斷絕。果然如同預言，耶羅波安王朝僅持續兩代就滅亡了。

至於另一邊的羅波安，雖然一度想要動武，企圖再度統一以色列，但由於先知示瑪雅警告他，他才死心。後來埃及王示撒入侵，神殿和宮殿的寶物都被搶走。

羅波安和耶羅波安之間也始終爭戰不絕，至死方休。

以色列王國和猶大王國的歷代王

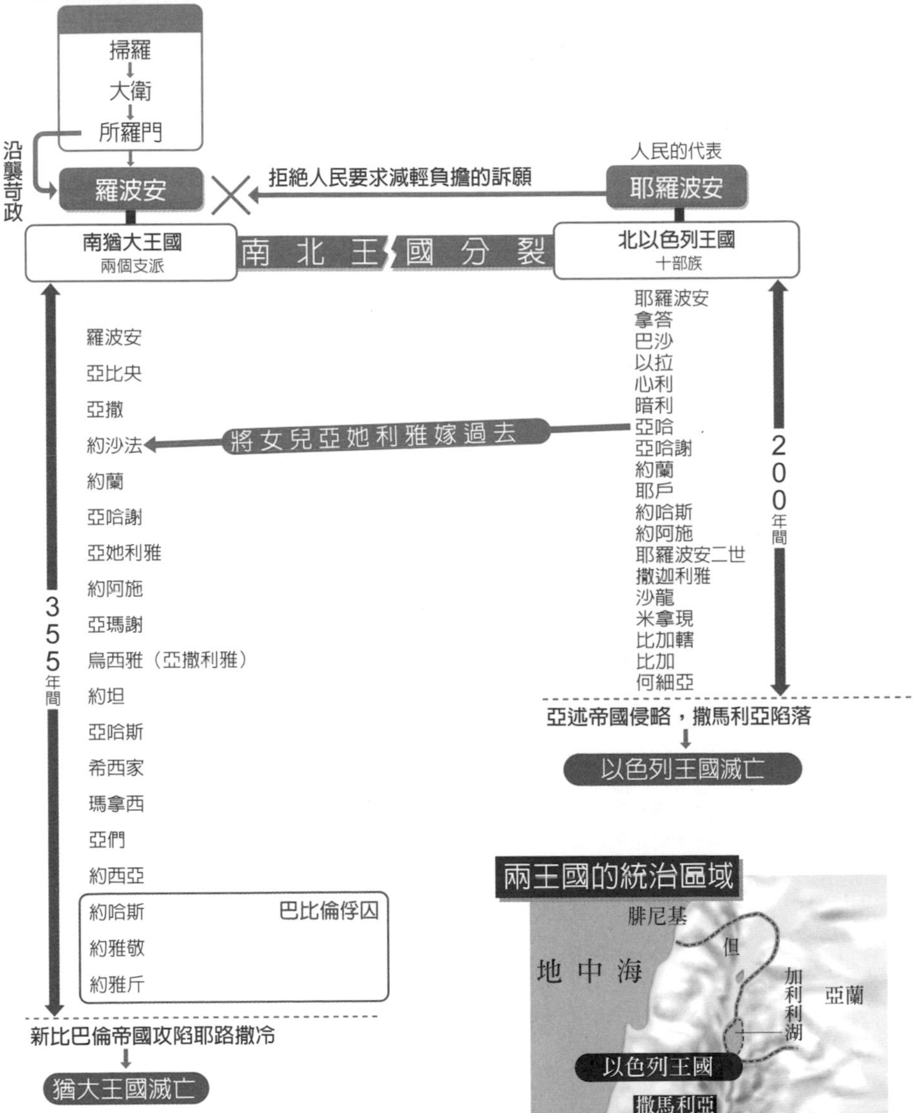
掃羅
大衛
所羅門
沿襲苛政
羅波安
人民的代表
耶羅波安
拒絕人民要求減輕負擔的訴願
南猶大王國
兩個支派
南北王國分裂
北以色列王國
十部族
羅波安
亞比央
亞撒
約沙法
約蘭
亞哈謝
亞她利雅
約阿施
亞瑪謝
烏西雅（亞撒利雅）
約坦
亞哈斯
希西家
瑪拿西
亞們
約西亞
約哈斯
約雅敬
約雅斤
巴比倫俘囚
355年間
新比巴倫帝國攻陷耶路撒冷
猶大王國滅亡
將女兒亞她利雅嫁過去
耶羅波安
拿答
巴沙
以拉
心利
暗利
亞哈
亞哈謝
約蘭
耶戶
約哈斯
約阿施
耶羅波安二世
撒迦利雅
沙龍
米拿現
比加轄
比加
何細亞
200年間
亞述帝國侵略，撒馬利亞陷落
以色列王國滅亡

兩王國的統治區域

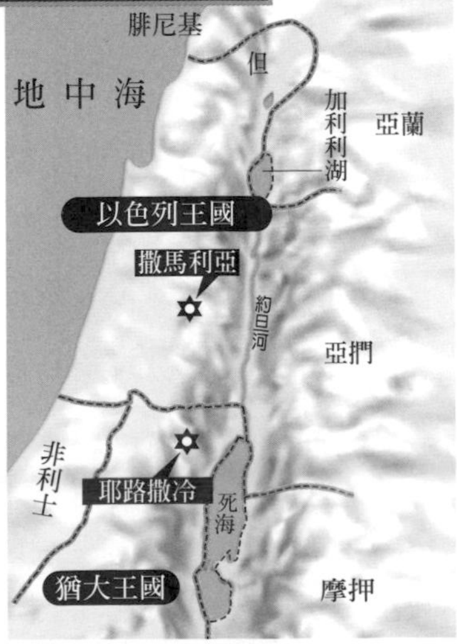
腓尼基
但
地中海
加利利湖
亞蘭
以色列王國
撒馬利亞
約旦河
亞捫
非利士
耶路撒冷
死海
猶大王國
摩押

亞哈王與以利亞

崇拜異教的國王與先知的警告

南北王國的戰爭打上休止符

分裂成南北王國之後，兩國之間的爭戰始終不歇，北王國的王朝還因叛亂而多次更迭。在此政局下，亞哈繼父親暗利之後，登基爲北以色列的王。他將女兒亞她利雅嫁給猶大國的皇太子約蘭，與猶大國結盟，兩國長年的征戰就此打上休止符。

亞哈還迎娶西頓王的女兒耶洗別，藉此強化與腓尼基的同盟關係，那裡的文化因而對以色列產生重大影響。亞哈甚至在父親暗利構築的首都撒馬利亞興建豐饒神巴力的神殿，積極崇拜這個異教神祇。

亞哈在任內不斷與北鄰的亞蘭王作戰，晚年與猶大王約沙法一起上陣對抗亞蘭，結果戰死沙場。

與真神有關的孤高之戰

寄居基列的先知以利亞生於亞哈時代，曾不斷對國王提出警告。有一天他當面向亞哈預告旱災，果然說中了。乾旱期間，以利亞住在約旦河東邊的基立溪旁，靠一隻烏鴉供應飲食，後來又去到西頓的撒勒法，由一個寡婦供養他。

三年後，以利亞接到神諭，再度來到亞哈王面前。他以神碩果僅存的唯一先知身分對抗巴力神的四百五十名先知。地點在迦密山上。他們商議好，會降火回應公牛牲禮的才是眞正的神。首先由巴力的先知大聲呼喚神，可是等了很久都沒有回應。接著由以利亞向神求告，神就從天降火燒掉牲禮來回應他。以利亞就此獲勝。

後來以利亞前往何烈山，靠著神的使者的幫助，連續走了四十晝夜，爬上神的山。他在那裡接受神的命令，去大馬士革爲耶戶灌油膏，推他做以色列的王。以利亞從何烈山下來，遇到農夫以利沙，就收他爲僕。

有一天，亞哈王試圖買下拿伯緊臨王宮的葡萄園，拿伯不答應。亞哈就在妻子耶洗別的慫恿下，編造罪名害死拿伯，將葡萄園納入手中。以利亞對這件事強力抨擊，預言亞哈一家會滅亡。

以利亞晚年，在以利沙面前，乘著旋風中由火馬拉的火戰車升天而去。信徒從此認定以利亞會在彌賽亞臨世之前重生。有些人堅信施洗者約翰和耶穌就是再度降世的以利亞。

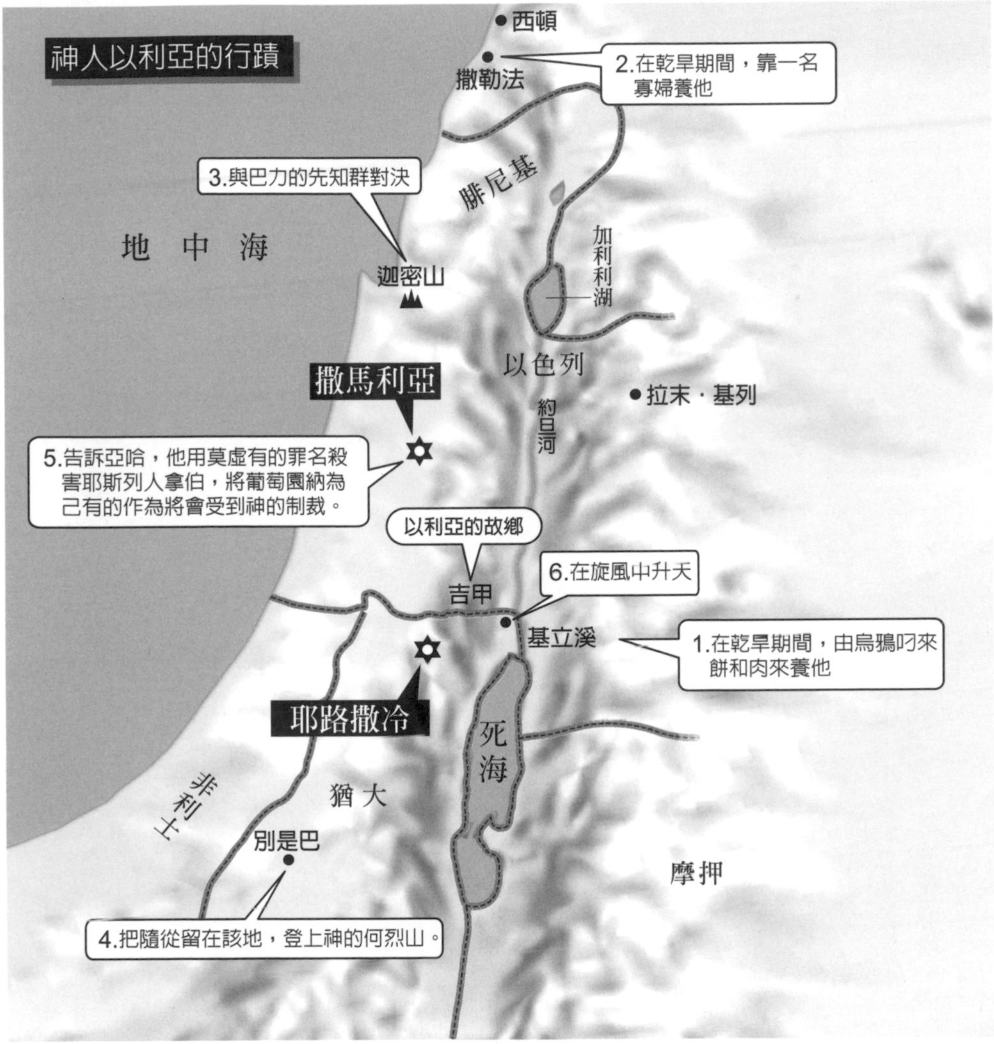
神人以利亞的行蹟
西頓
撒勒法
2.在乾旱期間，靠一名寡婦養他
3.與巴力的先知群對決
腓尼基
地 中 海
迦密山
加利利湖
以色列
撒馬利亞
拉末・基列
約旦河
5.告訴亞哈，他用莫虛有的罪名殺害耶斯列人拿伯，將葡萄園納為己有的作為將會受到神的制裁。
以利亞的故鄉
6.在旋風中升天
吉甲
基立溪
1.在乾旱期間，由烏鴉叼來餅和肉來養他
耶路撒冷
死海
非利士
猶大
別是巴
摩押
4.把隨從留在該地，登上神的何烈山。

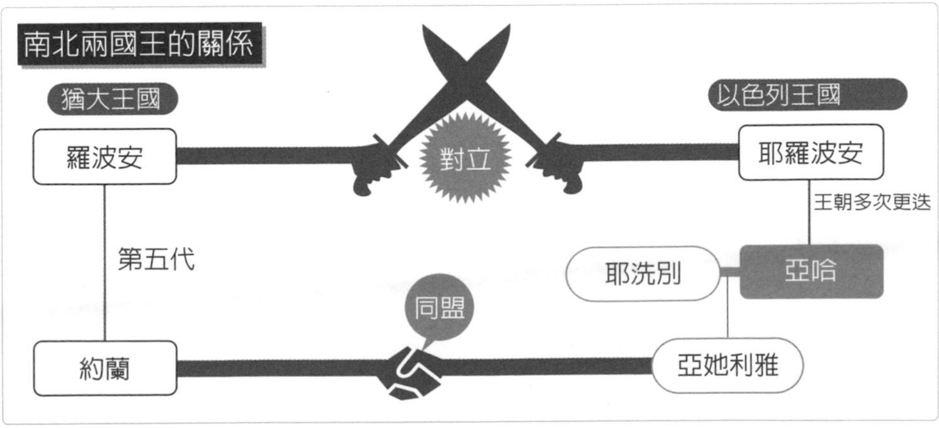
南北兩國王的關係
猶大王國
以色列王國
羅波安
對立
耶羅波安
王朝多次更迭
第五代
耶洗別
亞哈
同盟
約蘭
亞她利雅

第3章
神論
—先知的世界—

以利沙與耶戶王

先知與政治的密切關係

先知以利亞的繼承人

以利亞升天時，他的弟子以利沙撿起掉在面前的上師外衣，承接他的靈魂。先知的門徒也都接受他是以利亞的繼承人。

以利沙施行種種神蹟，例如治病、讓死人復活、使摻毒的水和食物變得無毒、預言未來，也曾經使少許的麵包增加到一百人也吃不完的程度。

可是以利沙也有心浮氣躁的一面。有一天他走在路上，一群小孩從城裡出來，譏笑他「禿頭」。他轉過頭瞪著那些孩子，用神的名詛咒他們，於是有兩隻熊從森林跑出來，撕裂那些小孩。

以利沙也介入政治。他造訪大馬士革時，對前來見他的哈薛預告說，哈薛會背叛主君便・哈達，成爲亞蘭王。第二天，果然哈薛暗殺了便・哈達，成爲亞蘭王。

耶戶王一再殺戮

以利沙也與耶戶在北以色列王國發動的叛變有密切關係。由於他的指示，當時還是將軍的耶戶受膏，被告知未來會登基的神諭。

約蘭是北王國暗利王朝的第四代王，他與亞蘭在拉末・基列作戰時受傷，而去耶斯列養病。當時將軍耶戶乘著戰車前往耶斯列，殺害主君約蘭，也把約蘭的母親耶洗別從城堡的窗戶推下去。還派人送信到首都撒馬利亞，請人殺死亞哈所有的兒子，再把首級送到他那裡。耶戶就這樣剿滅了暗利王朝所有的族人，篡奪以色列的王權，以耶戶王朝取而代之。

在這場政變中，正巧去以色列探望約蘭王的南猶大王亞哈謝也遭連帶殺害，王權由他母親亞她利雅接掌。南猶大王國的大衛王朝暫時中斷。

耶戶說：「亞哈只爲巴力神盡了一點點心力，我卻全心事奉巴力。」把所有巴力的崇拜者聚集到巴力神殿。這其實是要消滅巴力崇拜者的策略，所有集結的人都被殺死，神殿也被破壞，改成廁所。這些作爲獲得神的肯定，答應讓這個王朝持續四代。

但耶戶這種用殺戮來篡奪政權，也利用政治、軍事力量來推動宗教改革的手段，仍遭到後代先知何西阿的嚴詞抨擊。

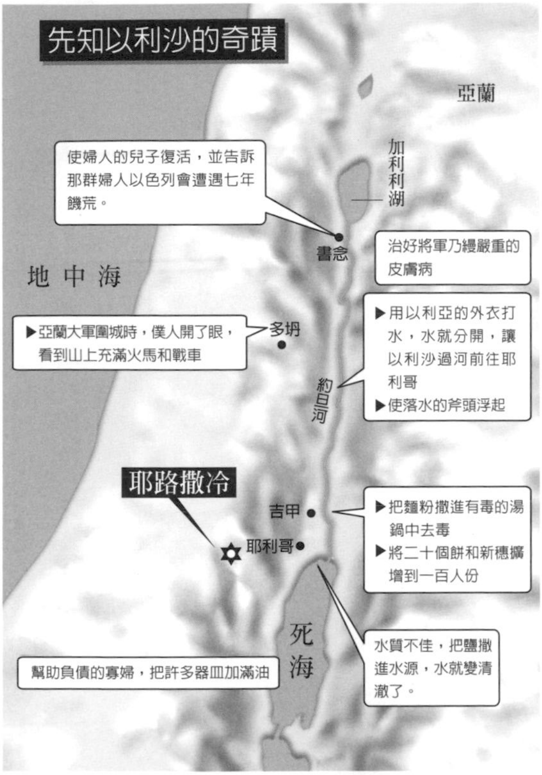
先知以利沙的奇蹟
亞蘭
加利利湖
使婦人的兒子復活，並告訴那群婦人以色列會遭遇七年饑荒。
書念
治好將軍乃縵嚴重的皮膚病
地中海
▶用以利亞的外衣打水，水就分開，讓以利沙過河前往耶利哥
▶使落水的斧頭浮起
▶亞蘭大軍圍城時，僕人開了眼，看到山上充滿火馬和戰車
多坍
約旦河
耶路撒冷
吉甲
耶利哥
▶把麵粉撒進有毒的湯鍋中去毒
▶將二十個餅和新穗擴增到一百人份
死海
水質不佳，把鹽撒進水源，水就變清澈了。
幫助負債的寡婦，把許多器皿加滿油

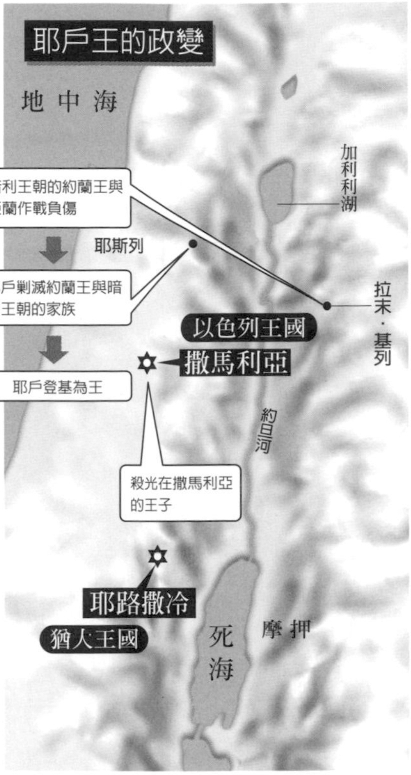
耶戶王的政變
地中海
加利利湖
暗利王朝的約蘭王與亞蘭作戰負傷
耶斯列
耶戶剿滅約蘭王與暗利王朝的家族
拉末·基列
以色列王國
撒馬利亞
耶戶登基為王
約旦河
殺光在撒馬利亞的王子
耶路撒冷
猶大王國
死海
摩押

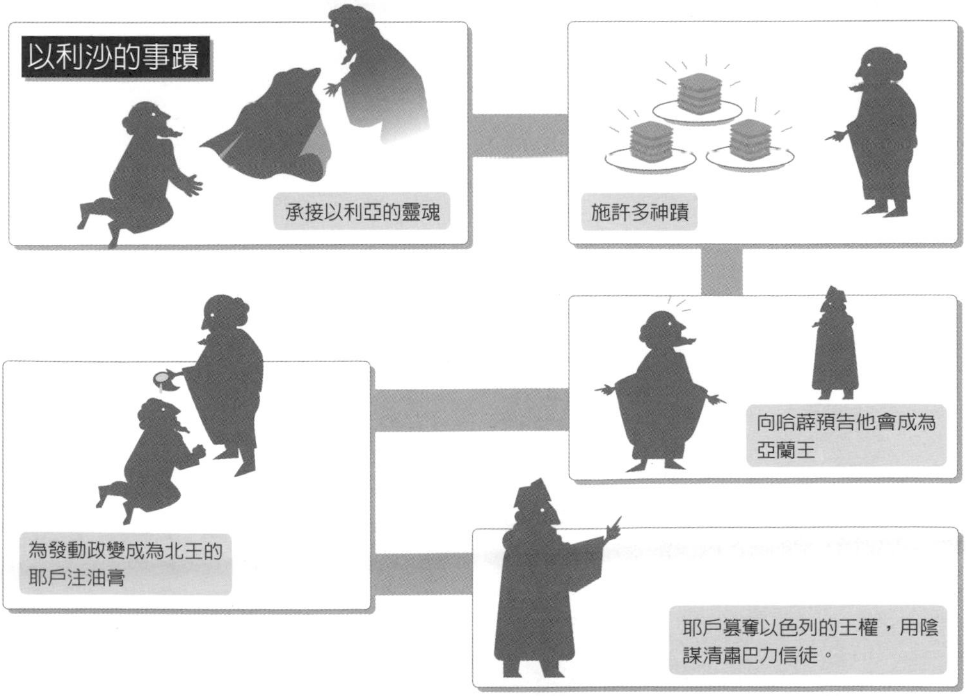
以利沙的事蹟
承接以利亞的靈魂
施許多神蹟
向哈薛預告他會成為亞蘭王
為發動政變成為北王的耶戶注油膏
耶戶篡奪以色列的王權，用陰謀清肅巴力信徒。

阿摩司與何西阿

強烈抨擊北王國的先知

不公不義、墮落腐敗的王國

以色列王朝第三代國王耶羅波安二世時代，趁著北邊大國亞述的影響力暫減之際，收復北以色列的失土，令王國興盛一時。雖然從表面上看來，以色列充滿活力，但對於此時在北王國活躍的先知阿摩司來說，卻是不公不義、腐敗墮落到令人驚異的國家。

阿摩司是在耶羅波安二世時代活躍的先知，出身於南猶大王國的提哥亞。他看到當時的社會現實，一邊是住大宅院錦衣玉食的少數特權階級，另一邊是流離失所挨餓受凍的貧民。強者欺壓弱者，判案也因賄賂而缺乏公義。他徹底抨擊這麼沒有正義公理的社會，告知神將對北王國施加的審判，也大力批判聖所巡禮和宗教祭儀的形式化。

何西阿是在耶羅波安二世時代後期開始活動的先知。耶羅波安二世死後，北國的命運急轉直下，開始步向滅亡。在混亂的政治局勢下，人們紛紛投入迦南的信仰，崇拜豐饒神巴力。何西阿控訴這種舉動，稱之爲不堪誘惑而追求情婦（巴力）的「淫行」。他也嚴厲批評北國在大國之間擺盪不定的外交正策。他說：「以法蓮（北國）就像鴿子，愚蠢無知，才剛去向埃及求助，就又跑去拜託亞述。」

北方王國以色列的終結

北國的繁榮隨著耶羅波安二世之死打上休止符。亞述的提格拉・毗列色三世再次進軍西方，以色列夾在亞述與南方大國埃及之間，不斷因外交政策而發生政變。

以色列比加王與鄰國的亞蘭王結盟攻擊猶大國，結果被何細亞暗殺，何細亞登上以色列王國最後一任王位。亞述的提格拉・毗列色三世的繼承人撒曼以色五世來攻時，何細亞獻貢稱服，卻又在後來企圖謀反，派使節去見埃及王，停止每年向亞述進貢。

亞述王知道之後，就逮捕何細亞，把他關進牢裡。後來亞述軍隊經過長達三年的包圍，終於在公元前七二一年攻陷首都撒馬利亞。居民都被擄到亞述，撒馬利亞則由亞述征服的其他民族遷入。

北以色列王國就這樣滅亡，以色列的十支派變成所謂的「消失的十個支派」，永遠從歷史舞台消失。

《舊約聖經》中的〈列王紀〉提到，北方以色列王國滅亡的原因有二，其一是他們捨棄以色列的神，崇拜異教的神祇，其二是對先知們的警告充耳不聞。

亞述強迫北國人民遷居的地點
黑 海
裏海
迦基米施
歌散
尼尼微
亞巴德
哈蘭
米底亞
地 中 海
哈馬
亞 述 帝 國
大德摩
撒馬利亞
加利利湖
古他
巴比倫
底格里斯河
耶路撒冷
幼發拉底河
死海
強制以色列人遷居
強制異族遷入以色列

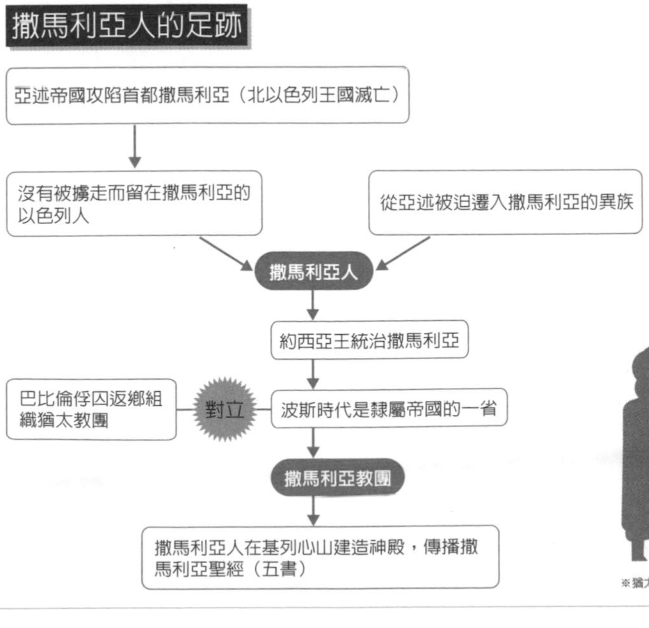
撒馬利亞人的足跡
亞述帝國攻陷首都撒馬利亞（北以色列王國滅亡）
沒有被擄走而留在撒馬利亞的以色列人
從亞述被迫遷入撒馬利亞的異族
撒馬利亞人
約西亞王統治撒馬利亞
巴比倫俘囚返鄉組織猶太教團
對立
波斯時代是隸屬帝國的一省
撒馬利亞教團
撒馬利亞人在基列心山建造神殿，傳播撒馬利亞聖經（五書）

※猶太人=俘囚後的以色列人總稱

亞哈斯王與以賽亞

對南國的失望產生彌賽亞預言

敘利亞與以法蓮之戰

北方以色列王國最後的王是何細亞，在他之前是比加。比加與亞蘭王利汎組成反敘利亞聯盟，要求猶大國的亞哈斯王也加入。亞哈斯拒絕，兩王就開始圍攻耶路撒冷，想要逼亞哈斯退位，另立傀儡王。這就是後世所稱的「敘利亞與以法蓮之戰」。聽到這個消息，猶大國非常騷動不安。

這時，亞哈斯的跟前出現了一名男子，就是先知以賽亞。他將神的話告訴亞哈斯：「他們的企圖不會成功，不要害怕。」建議他目前最重要的是相信神，向神祈求救贖的兆頭。

儘管以賽亞提出建言，亞哈斯還是向亞述王提格拉．毗列色三世納貢，要求援軍。亞述立即回應，派兵攻擊亞蘭都城大馬士革和北王國。大馬士革陷落，北王國也有大半領土被併入亞述，成爲僅統治首都撒馬利亞中間部分的國家（以色列王國在十一年後滅亡）。結果猶大王國也受到亞述強烈的影響。亞哈斯爲了向亞述表示忠誠，率先將該國的宗教祭儀引進國內。他之前去大馬士革晉見提格拉．毗列色三世時看過他們的祭壇，就要耶路撒冷神殿製作同樣的東西，在那上面獻祭。

先知以賽亞的活動

以賽亞是在南方猶大王國活躍的先知，與北方以色列王國先知何西阿的時代相同。在猶大王烏西雅死去的公元前七三六年，他被徵召爲先知，一直活躍到公元前七〇一年。

以賽亞敏銳地看出當時猶大王國社會蔓延的僞善與敗德，而抨擊財富集中於少數人手中、社會的弱勢受到欺凌的事實。他也將批判的矛頭指向流於形式的宗教祭儀。即使獻出再多的牲禮，重複再多次的禱告，也不會傳進神的耳裡。應該施行的不是祭儀，而是「正義與公道」、保護受虐者。以賽亞說，爲了處罰背叛神又不悔改的以色列人，神才會揮動「憤怒之鞭」——強大的亞述民族。他從以色列人長期以來的歷史事件中看出神的意志。

以賽亞批判王國的墮落，又不斷對現實中的國王失望，終於說出他的希望。他企求的不僅是猶大王國也是全世界的和平，預告由大衛之父耶西的後裔所統治的時代將會到來，此人將會是位理想的王。這種盼望就是「彌賽亞預言」，在日後由基督教接收。

先知以賽亞的時代

以色列統一王國分裂為南猶大王國和北以色列王國

公元前926年

以色列王國	以賽亞預言的變化	猶大王國滅亡
	以賽亞被徵召為先知	公元前736年 烏西雅王死去
公元前734年 以色列王比加和亞蘭王利汎組成反亞述聯盟	對亞哈斯王提出忠告：「他們的企圖將會失敗，切勿懼怕。」建議向神祈求拯救的兆頭	公元前734年 被以色列王比加和亞蘭王利汎逼迫加盟。亞哈斯王拒絕 ⇒敘利亞與以法蓮之戰（敘利司是指亞蘭，以法蓮是指北王國）
公元前721年 亞述帝國攻陷首都撒馬利亞 ⇒以色列王國滅亡	抨擊社會的不公不義，把亞述帝國的侵略視為神對以色列人的「處罰」	公元前721年 希西家（亞哈斯王的兒子）歸順亞述
		公元前701年 耶路撒冷雖遭亞述帝國的西拿基立圍攻，但逃過一劫
		約公元前586年 巴比倫軍隊攻陷耶路撒冷 ⇒猶大王國滅亡

前700　前600

以賽亞的預言

盼望彌賽亞
（大衛後裔統治的理想時代將會到來）

- 全世界和平，自然與人類社會的和諧
- 貫徹正義與公義，社會弱勢受到保護

以賽亞書的內容與結構

	時代	內容
第一（1～39章）	公元前740～前690年	**亞述帝國對以色列王國造成的危機，以及對猶大國的威脅** ※先知以賽亞在世的時代（1～39章一部分和24～27章是後代書卷，被另稱為「以賽亞啓示錄」）
第二（40～55章）	公元前539年	**波斯王塞魯士統治，讓猶大人從巴比倫返鄉之前** ※巴比倫俘囚的時代（以賽亞書第二部分）
第三（56～66章）	公元前515～前500年	**以色列神殿的重建和後來的事** ※從巴比倫俘囚到返鄉後的時代（以賽亞書第三部分）

希西家王

耶路撒冷奇蹟似的解放

反抗亞述的南方國王

南猶大王國在亞哈斯王之後繼任王位的是希西家。在他治世第六年，北以色列王國的首都撒馬利亞經過亞述約三年的包圍後陷落。希西家掌權的地方就在鄰國猶大，絕無法抱著與己無關的態度。

希西家打碎石柱，破壞亞舍拉像等異教偶像，實施宗教改革，因此大受好評：「猶大所有的王中沒有像他那樣的。」他還預先考慮到萬一首都撒利亞遭到圍攻，而挖掘數百公尺的水道，將基訓的泉水引進城內。這條水道至今仍在。

希西家本來要依循父親亞哈斯的政策，對亞述保持忠誠，但還是不顧先知以賽亞的反對，趁著薩爾貢二世死去的混亂期間，向埃及求援，與亞述對抗。

但繼承薩爾貢二世的亞述王西拿基立看情況不對，就派大軍到巴勒斯坦，佔領以拉吉爲首的猶大城市，把居民擄到亞述。希西家自己也猶如「籠中之鳥」，被關在耶路撒冷。

相信神都耶路撒冷永不陷落

亞述將軍亞伯沙斯逼迫希西家投降。他說雖然你指望埃及派軍支援，但埃及的法老王根本不可靠，因爲就像彎折的蘆葦會刺穿求援者的手。他自己則是奉了以色列之神的命令來消滅耶路撒冷的。亞伯沙斯大言不慚，而且是用猶大話說的，讓城牆上的猶大人也聽得懂。

「別被希西家給騙了。他沒辦法從我的手中拯救你們。」

希西家聽見，就撕裂衣服，披上麻布，進入神殿，並派使者去找先知以賽亞，請他去懇求神。以賽亞就轉告神的話：「亞述王必從原路折回，不會進入都城。我一定會守護這座城。」

果然如同以賽亞的預言，半夜出現神的使者，擊殺十八萬五千名敵軍。亞述王西拿基立放棄包圍，就此撤退。耶路撒冷奇蹟似地解除危機，提高了一般人認爲神都耶路撒冷永不陷落的信仰。順便一提，西拿斯立回到亞述的尼尼微後，就被家臣暗殺了。

以賽亞用「神鞭」來解釋亞述軍的攻擊，也預言神將對驕傲的亞述下審判。到了公元前七世紀末，這個勢力強大的國家就從歷史舞臺上消失了。

亞述帝國的勢力擴張

希西家挖掘的水道是延長大衛進攻撒馬利亞時利用的地下坑道。這條水道留在至今。

希西家的事蹟和以賽亞的預言

與希西家王有關的事件和政策	以賽亞的預言
北以色列王國的首都撒馬利亞遭亞述攻陷。進行破壞異教偶像等宗教改革。	
↓	
為首都耶路撒冷被包圍做準備，引基訓的泉水，挖掘地下水道，將水引到城牆內的蓄水池西羅亞池	▶反對向埃及求援對抗亞述
	希西家沒有聽從
↓	
亞述王西拿基立攻擊猶大國，將部分居民擄到亞述。希西家有一段時間被關在耶路撒冷	▶主張國家的基礎不是軍事力量或外交策略，而是對神默默的信任
↓	
拜託以賽亞向神求情	
↓	
首都耶路撒冷獲救	▶預言神會對亞述下審判

約西亞王

斷然實施大規模宗教改革的國王

猶大國最後的黃金時代

亞述帝國曾幾乎將古西亞全部納爲版圖，直到公元前七世紀才急速瓦解。這時在猶大當王的是約西亞。他的父親亞們因家臣背叛而遭暗殺，地方上的有力人士立即討伐謀反者，讓當時年僅八歲的約西亞登基。

約西亞王的時代是猶大國最後的黃金期。他趁著亞述勢力衰頹，起兵收復猶大國領土，包括舊北以色列王國的版圖。

約西亞王即位第十八年整修耶路撒冷神殿時，大祭師希勒家在神殿內發現律法書。這本書卷應該就是現在〈申命記〉的一部分。

約西亞王與祭司、先知和所有人民一起進入神殿，對人民朗讀這本律法書的全部內容。然後在神的面前立約，立誓順從神，遵守神的誡命、法度、律例，實踐書中記載的規定。人民也都遵從這個契約。

由於這件事，約西亞王施行大規模的宗教改革。他從耶路撒冷神殿撤下所有異教偶像，也毀壞猶大各地的聖壇。所有宗教祭儀都在耶路撒冷神殿舉行。而像逾越節是在紀念以色列人出埃及的事，他也恢復了這個長久沒有慶祝的節日。

壯志未酬死於非命

在約西亞王的治理下，猶大國達到大衛王、所羅門王時代之後不曾有過的繁榮，一切卻在短時間內化爲泡影。原因是代替亞述成爲新西亞霸主的巴比倫開始攻擊亞述。公元前六一二年，亞述的首都尼尼微陷落，殘留的亞述軍在北敘利亞負隅頑抗。

這種情勢讓埃及王尼哥覺得有危險，想要支援亞述，於是北上進攻巴勒斯坦。約西亞王認爲埃及爲亞述王助陣會對猶大國造成威脅，就在米吉多近郊阻止埃及軍，結果約西亞王在米吉多戰事中不幸死亡。這時是他在位的第三十一年。

約西亞王的改革才進行到一半，就因爲國王戰死沙場而打上休止符。後來猶大國暫時處在埃及的支配下。約西亞王死後，猶大國的命運就開始轉向，加速走向滅亡。

流入猶大國的異教文化

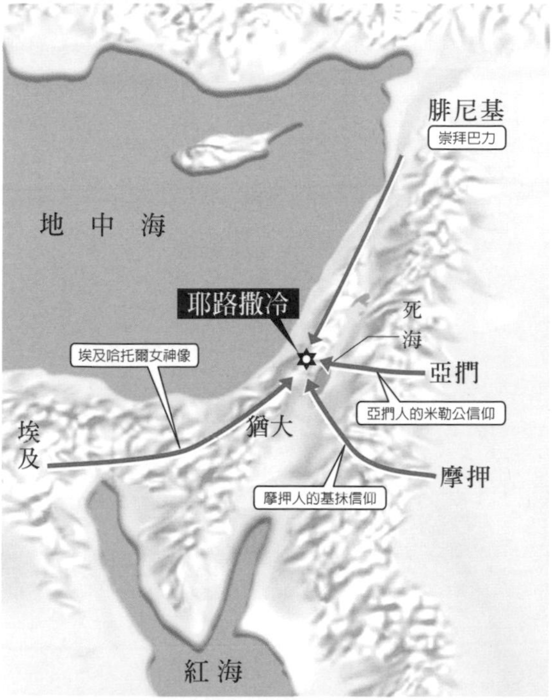

公元前7世紀時的各國情勢

亞述帝國

公元前745年以尼尼微為首都。公元前722年消滅以色列王國，最盛期的版圖從伊朗西部延伸到整個埃及，但於公元前612年被新巴比倫帝國消滅。

新巴比倫帝國

公元前626年到前539年興盛繁榮，公元前587年消滅猶大王國（第二次巴比倫俘囚）。公元前539年被波斯帝國消滅。

約西亞王的宗教改革

- ▶整修耶路撒冷神殿
- ▶從耶路撒冷神殿撤除各種異教偶像
- ▶摧毀猶大各地的聖壇
- ▶恢復逾越節

尼哥王與約西亞王的衝突

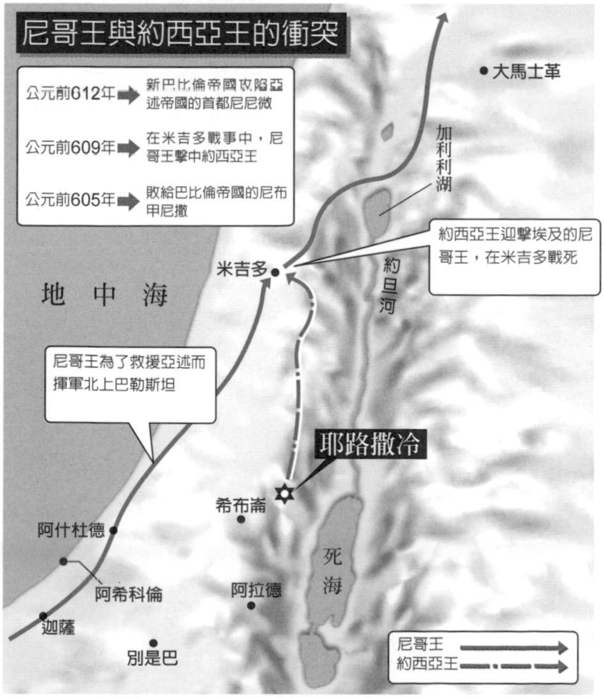

約西亞王時代與周邊諸國的關係

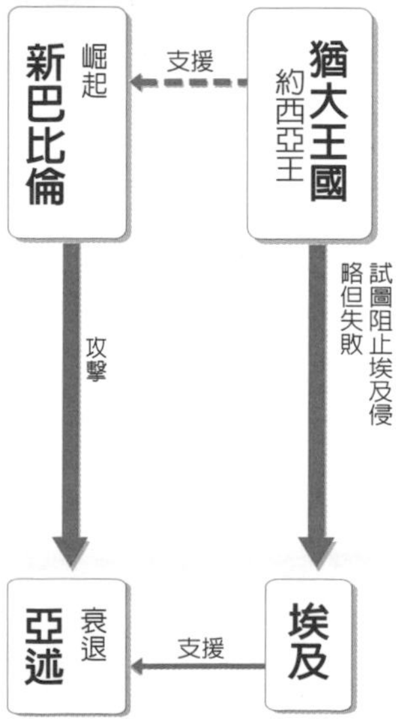

耶利米

為祖國滅亡悲痛的先知

南猶大王國的終結

約西亞王死後，兒子約哈斯繼位。才過了短短三個月，埃及王尼哥就將他廢除，改立其弟約雅敬為王，建立傀儡政權。

後來尼布甲尼撒率領的巴比倫大軍在迦基米施擊敗埃及軍隊，往西方挺進。約雅敬雖然順服尼布甲尼撒，卻在三年後背叛，首都耶路撒冷因此被包圍，約雅敬也在這段期間死亡。

接著登基的約雅斤王也依循對抗巴比倫的政策，但只撐了三個月就向尼布甲尼撒屈服，與耶路撒冷的有力人士一同被帶到巴比倫（第一次巴比倫俘囚）。

尼布甲尼撒另立西底家代替約雅斤登上王位。西底家也在後來反抗巴比倫，耶路撒冷又在兩年後遭到圍城，然後陷落。西底家被剜去眼睛帶走，神殿也被掠奪一空，放火燒掉，耶路撒冷的長官將領都被當成俘囚擄走（第二次巴比倫俘囚）。大衛王以來的猶大王國就這樣畫下句點。

耶利米激烈言論和遭受迫害

在猶大國走向滅亡的時期活躍的先知是耶利米。他的活動可以追溯到約西亞王的治世。有一天，神曉諭耶利米，要他擔任各國國民的先知。年輕的耶利米雖然猶豫再三，但神答應會從旁協助，他才擔起重任。耶利米起先是預言審判，由於人民作惡，將會出現「北方之災」。不過約西亞一開始進行改革，耶利米也就樂觀其成，不再出聲。

他再度出現是在約雅敬的時代。耶利米站在神殿上說，如果社會弱勢者受到欺凌，人們又崇拜異教神祇，連神殿都可能遭到破壞。耶利米甚至敢把神殿稱為「強盜的巢穴」，因為那是錯誤信仰的象徵。由於言論如此激烈，他受到來自各方的迫害。宣布神論的人，為何會被視為災禍的預言者而遭排斥呢？耶利米向神哀歎自己的苦惱，卻仍無法停止發表神烈焰般的話語。

在西底家王時代，耶利米主張向巴比倫投降是唯一的生存之道，獨自一人對抗領導者的主張，也就是大衛王朝將會永續和耶路撒冷的不可侵犯性。結果西底家王沒有聽從耶利米的話。耶路撒冷陷落後，耶利米繼續在已是巴比倫一省的猶大活動，但是在省長基大利被暗殺後的混亂中，被帶到埃及。

在祖國滅亡的過程中，耶利米預言，每個人民以「心」和神立新約的時代將會來臨。《新約聖經》就是將耶穌視為「新約」的完成。

公元前600年時的東方社會

猶大國與新巴比倫帝國的歷史

猶大國

公元前1004年
大衛王朝確立

新巴比倫帝國

公元前642年
新巴比倫帝國建國

公元前612年
亞述首都尼尼微陷落

東方社會
里底亞、米底亞、埃及、新巴比倫等四大國並列的時代，埃及與新巴比倫對立

公元前609年
埃及尼哥王入侵

耶利米預言
「猶大會遭巴比倫破壞」

約雅敬王充耳不聞

公元前605年
尼布甲尼撒即位在迦基米施打敗埃及尼哥王

公元前597年，新巴比倫帝國的尼布甲尼撒王佔領耶路撒冷（第一次巴比倫俘囚）

「尼布甲尼撒二世是神懲罰猶大人民的工具」

西底家王依照預言，服從新巴比倫帝國，但後來就意圖向埃及借力反叛

公元前587年耶路撒冷陷落，猶大國滅亡（第二次巴比倫俘囚）

公元前580年　第三次巴比倫俘囚

公元前538年
俘囚獲波斯帝國塞魯士釋放返鄉

公元前538年
波斯帝國消滅新巴比倫帝國

尼布甲尼撒王侵略猶大

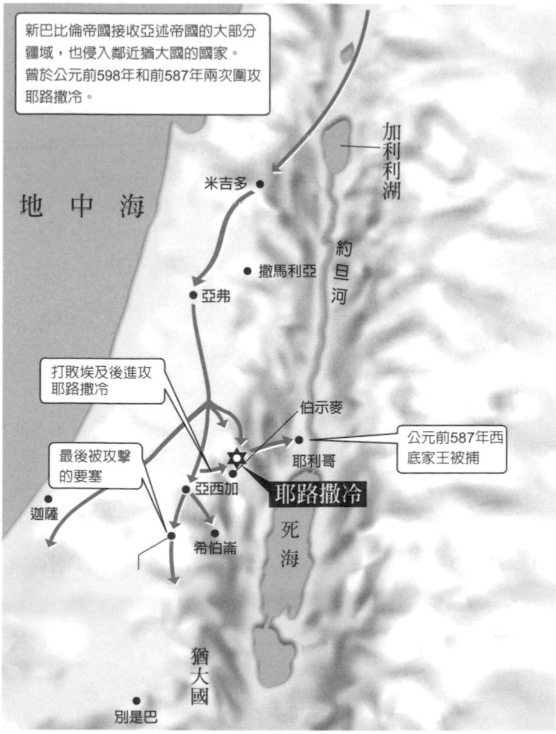

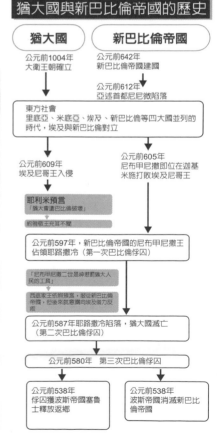

以西結

看見以色列復國異像的先知

巴比倫俘囚帶來的東西

公元前五九七年，連約雅斤王在內共約一萬名政治、宗教領袖被帶到巴比倫（第一次俘囚）。十年後，首都耶路撒冷又遭巴比倫大軍攻陷，從大衛王之後大約維繫了四百年的猶大王國滅亡，第二次俘囚開始。後來又有約八百人被送到巴比倫，這是第三次俘囚。

巴比倫俘囚與亞述不同，是讓俘囚集中遷居到特定的村落。他們有某種限度的自由，可以過著以長老爲中心的共同體生活，但以前的猶大王國領土就此荒廢，並沒有讓異族遷入。幸好有這樣的處置，以色列人得以維持民族的連帶性，繼續編織著回歸祖國的夢想。

巴比倫俘囚對古以色列宗教來說具有關鍵意義，因爲人民雖然失去了國家與土地，卻還能僅藉著宗教來維持民族的同一性。王國的滅亡、神殿的崩毀都被賦予神學上的意義，亦即神對叛民所下的審判。以色列人編纂了王國從開始到滅亡的歷史，並收集、編輯先知們的話語。除了割禮、安息日、食物規定等儀禮，沒有神殿祭儀的禮拜形式也很發達。

先知以西結說的話

以西結是祭司的兒子，也是公元前五九七年第一次巴比倫俘囚中的一員。他一生都在巴比倫度過，是個在異國爲祖國滅亡的命運憂心的先知。俘囚歲月的第五年，他在巴比倫的迦巴魯河邊，透過神聖的異象接受當先知的召命。

俘囚原本就對祖國猶大的存續懷抱一縷希望。以巴結告訴猶大人民，猶大和以色列將會發生決定性的滅亡。那是神對背叛的以色列人所下的審判。他用象徵性的動作和比喻說明這件事。

以西結的預言成眞，耶路撒冷陷落，猶大國隨之滅亡。看到同胞因祖國滅亡而灰心喪志，以西結開始說出救贖的預言，也就是神像牧羊人一樣要去尋找走失的羊群，帶回被驅趕的人，而且爲傷者包紮。以西結又以無數被丟棄的骨骸發出聲響互相靠近，恢復肉與皮膚的異象來描述以色列的復國。

神回想起以前的契約，而與以色列締結新的「和平契約」。以西結看到了異象，那是以色列恢復共同體的幻影。他還描述往昔的十二支派以重建的神殿爲中心，公平分配土地，共存共榮的情景。

從猶大到巴比倫俘囚的路線

以西結看到的異象

神的異象 ＝ 坐在戰車上的神

有四張臉和四片翅膀的魔幻活物支撐的交通工具。上面的寶座好像坐著一個人，被燦爛光芒包圍

耶路撒冷的異象 ＝ 耶路撒冷的陷落

神的榮光離開神殿內的寶座，從都城去到巴比倫，都城荒廢

枯骨之谷的異象 ＝ 以色列復國

山谷中有許多骨骸組合起來，長出筋、肉與皮膚，最後神靈吹入，成為活人

神殿的異象 ＝ 重建的耶路撒冷神殿

被帶到耶路撒冷，由閃耀如青銅的人手持量度的竿帶領，參觀新神殿

從俘囚到解放

公元前605年	新巴比倫帝國打敗亞述帝國，將猶大國納入版圖
	↓ 接受埃及支援，反抗新巴比倫帝國
公元前597年	↓ 新巴比倫帝國的尼布甲尼撒王征服耶路撒冷
	↓ 猶大國的約雅斤王和以西結等重要人士都被帶到巴比倫（第一次巴比倫俘囚）
	↓ 約雅斤王的叔叔西底家繼位
公元前586年	↓ 西底家謀反，耶路撒冷陷落 西底家王和許多人民被帶到巴比倫（第二次巴比倫俘囚）
	↓ 猶大王國滅亡
公元前582年	↓ 許多人民被帶到巴比倫（第三次巴比倫俘囚）
前539年頃	↓ 新巴比倫帝國被波斯阿契美尼德王朝消滅
	↓ 波斯的塞魯士王下令釋放俘囚，俘囚返回耶路撒冷

以斯拉與尼希米

成立猶太教的領導人

俘囚返鄉與重建神殿

南方猶大王國從王以下的重要人士都被當成俘囚帶到巴比倫，在那裡過了大約半個世紀。公元前五三九年，新興國家波斯崛起，塞魯士王征服巴比倫的首都巴比倫，馬上發布命令，准許猶太人民回到耶路撒冷重建神殿。接著又歸還當成戰利品的神殿祭具，還答應支援重建神殿所需要的經費。

在塞魯士王的命令下，大衛家出身的首領設巴薩接收神殿祭具，率領第一批人回到耶路撒冷。神殿的立基工事是由撒拉鐵的兒子所羅巴伯和約薩達的兒子耶書亞指揮。但由於撒馬利亞人拒絕共同建造，建設受到阻礙，工程中斷了大約二十年。

公元前五一五年，大流士王治世第六年時神殿竣工，人們都歡欣鼓舞，舉行奉獻典禮，過逾越節。作爲共同體中心的耶路撒冷神殿雖然重建完成，卻缺乏優秀的領導人。這個地方要構築宗教和社會秩序，還必須等待以斯拉與尼希米現身。

猶太人重新出發

以斯拉是祭司，起先是波斯宮廷的書記官。他奉王令從俘囚地返回耶路撒冷，背負的使命是在重建的神殿依規定舉行祭儀，復興以律法書爲中心的猶太教。以斯拉帶領俘囚同胞回到猶大後，在該地活動了一年，解除居民間盛行的異族通婚關係。

尼希米是亞達薛西王的酒政員，獲派爲猶大總督，也負責回耶路撒冷修復耶路撒冷的城牆。在重建工程中，百姓們都在哀歎生活困苦。「爲了納稅給王，我們必須抵押葡萄園去借錢。也必須讓兒子和女兒給人家當奴隸。」尼希米聽了他們的心聲，就開會指責貴族和官員，將人民的債務一筆勾消。另外他也克服了種種困難，花了五十二天蓋好城牆。

總督尼希米與眾人在廣場上聚集，以斯拉拿出律法書宣讀，再由利未人解釋。人民聽到律法的內容都流下淚來，分享喜悅，大肆慶祝。

尼希米還從猶大鄉村引進居民遷入，整頓耶路撒冷的城市建設，更新神殿行事，宣佈要遵守安息日，禁止與外邦人通婚。由於這一連串的改革，猶太人在波斯帝國的支配下，以耶路撒冷神殿和律法爲中心團結一致。這一切都由現今的猶太教沿襲下來。

祭司以斯拉和省長尼希米的耶路撒冷返鄉路線

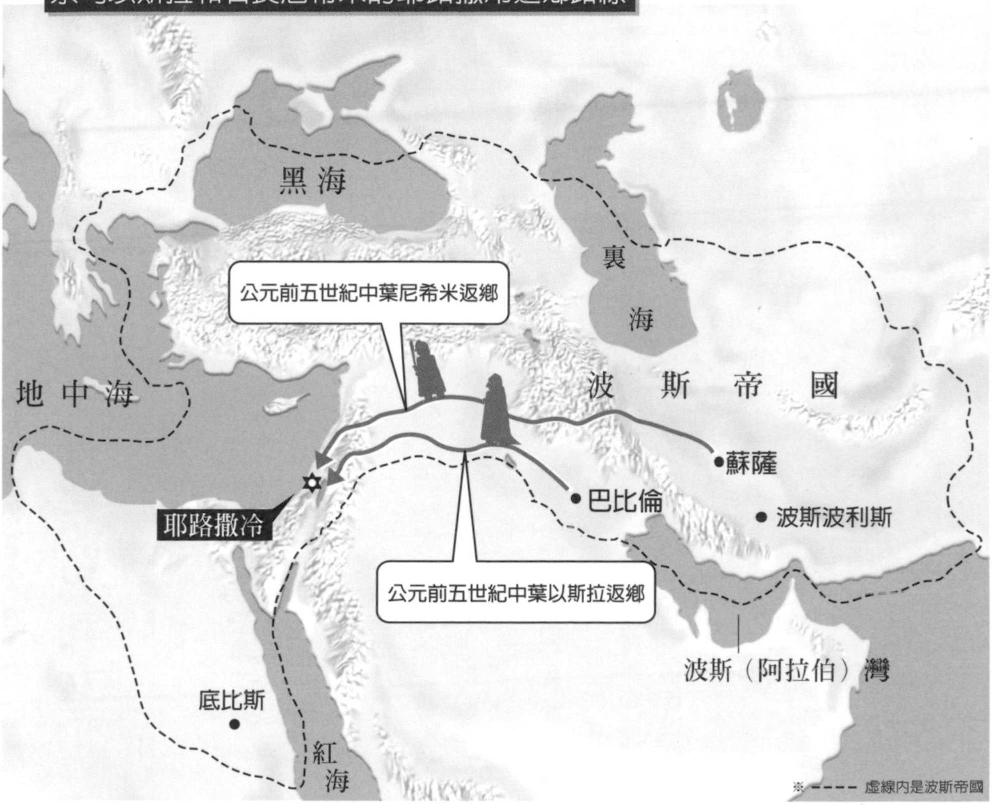

- 公元前五世紀中葉被波斯帝國派到耶路撒冷，負責修復耶路撒冷的城牆
- 解除人民之間的不平等
- 遵守安息日

- 公元前五世紀中葉被波斯帝國派到耶路撒冷，由於擔心猶太人接受異教而頒定律法，進行宗教改革
- 解除與異族的婚姻

路得的故事

有愛情與子孫運的異邦女子

孝順婆婆的媳婦路得

這是士師時代的故事。有個女性叫「拿俄米」，與丈夫以利米勒和兩個兒子住在猶大的伯利恆，由於國內發生饑荒，一家人不得不遷到約旦河東部，亦即鄰國的摩押地。兩個兒子分別在那裡娶了「俄珥巴」和「路得」。後來拿俄米的丈夫和兒子都死了，剩下她與兩個媳婦相依爲命。

拿俄米決定離開摩押，回到故鄉猶大。她在旅途中勸兩個媳婦回鄉改嫁，求得平安。媳婦們就放聲大哭。俄珥巴離開了婆婆，路得卻不忍離去。她說：「拋下妳離開是很要不得的，請別強迫我這麼做。妳去哪裡，我就去哪裡，妳住哪裡，我就住哪裡。」

拿俄米看路得打定了主意，就不再勸她。兩人繼續前往伯利恆，剛好在收割大麥的時期抵達。

與伯利恆士紳結婚

拿俄米先夫有個親戚住在伯利恆，名叫「波阿斯」，是個大財主。

路得爲了得到糧食，去田裡跟在收割的農夫後面撿麥穗。依據古代以色列的律法，沒有土地的寄居者或窮人有權在收割時進入田裡撿麥穗。

這塊麥田恰好屬於波阿斯。波阿斯聽說路得在丈夫死了之後依然對婆婆盡孝，還離開雙親和故鄉來到陌生的國度，就指示僕人刻意爲路得多掉一些麥穗。路得就這樣每天來波阿斯的田裡撿拾，直到收割結束。

拿俄米希望路得和波阿斯結婚，就爲路得洗身，塗上香油，換上衣服，叫她去躺在波阿斯的腳邊。路得聽從，到波阿斯的睡榻，提出想與他結婚的心願。波阿斯儘管驚訝，還是接受了路得的提議。但是路得有個監護的近親（贖人），必須徵求那人的同意。

波阿斯來到城門，在十位長老的面前，與路得的贖人商議。他雖然同意買回土地，卻不肯接受路得，而將贖回的權利讓給波阿斯。波阿斯就這樣正式把路得娶進門。

路得成爲波阿斯的妻子後，生下兒子俄備得。俄備得就是後來成爲以色列王的大衛祖父。

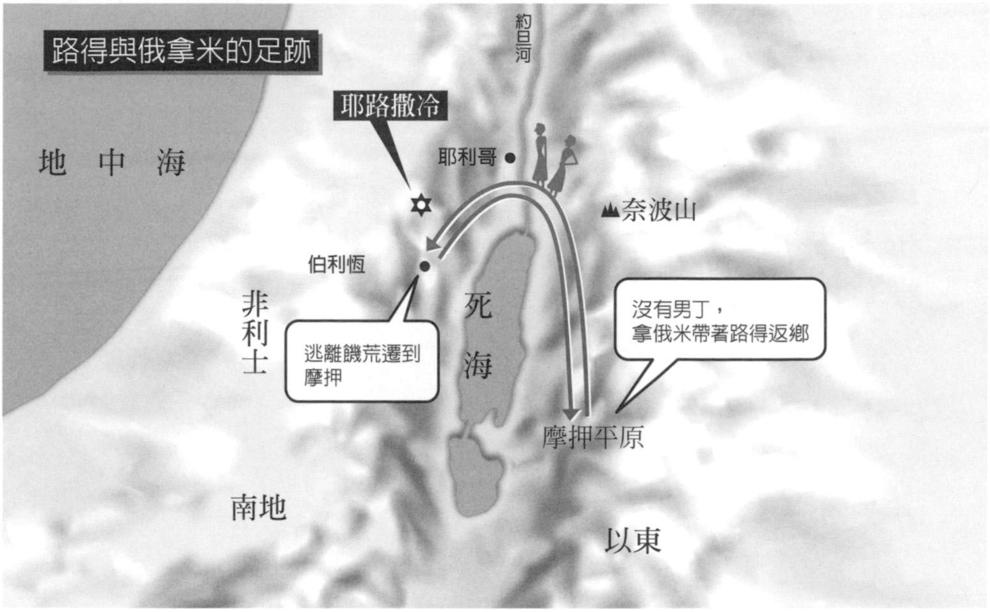

脫穀的方式是用牛或騾子拉著脫穀板或脫穀車踩踏

從路得到大衛的族譜

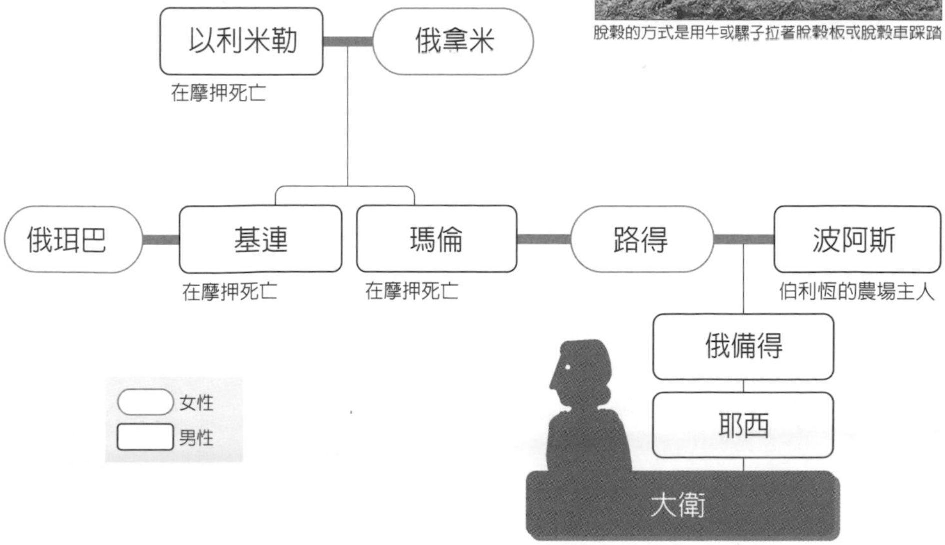

約拿向神抗議

表現神之愛遍及全世界的人

違抗神旨逃亡

在亞述統治世界的時代，亞米太的兒子約拿聽到神的聲音說：「你去尼尼微大城，呼籲作惡的居民悔改。」尼尼微就是對以色列人極盡暴虐的亞述首都，約拿卻拒絕接受這個使命，試圖逃離神。他下行到約帕，正好遇到一艘要去他施的船，就混進人群搭上船，前往他施。

神因此刮起大風，興起波濤，水手們都嚇得發抖，大聲哀求自己的神，並將船上的貨物拋到海中，減少船上的重量。這時約拿在船底沈睡，船長就把他叫醒，要他向神求助。

人們彼此商議，決定用抽籤來決定是誰造成這場災難。約拿抽到籤，人們就逼約拿說：「這災難降臨到我們是誰的緣故呢？你是打哪裡來的？」約拿坦白說，他是從神的面前逃過來的，只要把他丟進海裡，大海就會恢復平靜。

人們就把約拿丟進海中，果然翻騰的大海就平靜無波了。約拿被巨大的魚吞進去，在魚腹中過了三天三夜。他在裡面向神祈禱，神就命令魚把約拿吐到陸上。

約拿的憤怒與神諭

約拿就這樣前往尼尼微，呼籲居民悔改。尼尼微的城民聽進去了，紛紛悔改，國王也見賢思齊，神就取消了懲罰。約拿卻深感不滿。神怎麼可以因為人民悔改了，就輕易饒過尼尼微人呢？

約拿很生氣，告訴神乾脆把他的命取去。神反問他：「你這麼生氣合理嗎？」可是約拿還是走出城，坐在城的東邊，想要看看神如何回應自己的訴求。

這時，神讓一棵蓖麻發芽，長得比約拿還要高，在他頭上遮陽，約拿就很高興。可是次日黎明，神安排一隻蟲把蓖麻樹咬得枯死了。太陽升起時，炎熱的東風向約拿吹來，令他發昏。他就說：「我死了比活著還好！」

對於約拿這種態度，神最後是這麼說的。

「這蓖麻不是你費力氣栽種的，一夜長出，一夜枯死，你尚且愛惜，叫我如何不愛惜這尼尼微大城呢？那裡有十二萬多人和無數隻家畜呀。」

公元前730年時亞述帝國的領土

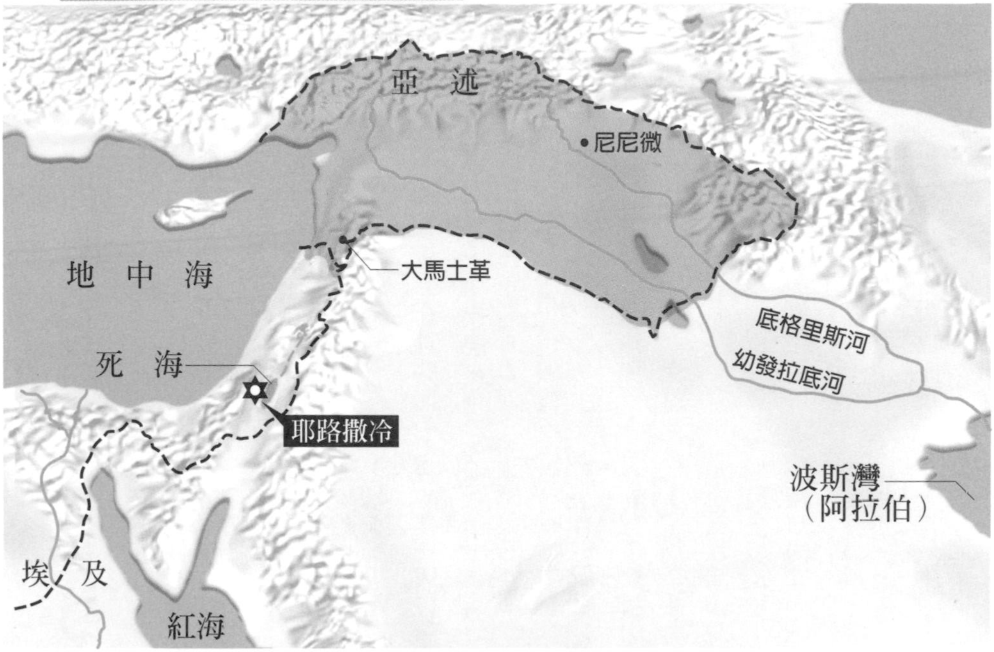

〈約拿書〉的結構

第一章
不順從去尼尼微的使命和後果

第二章
約拿在大魚腹中祈禱

第三章
約拿到尼尼微傳道，尼尼微人民悔改

第四章
以蓖麻比喻道理和神的愛

與約拿活躍年代相當的船隻

亞述的木材運輸船

亞述的軍船

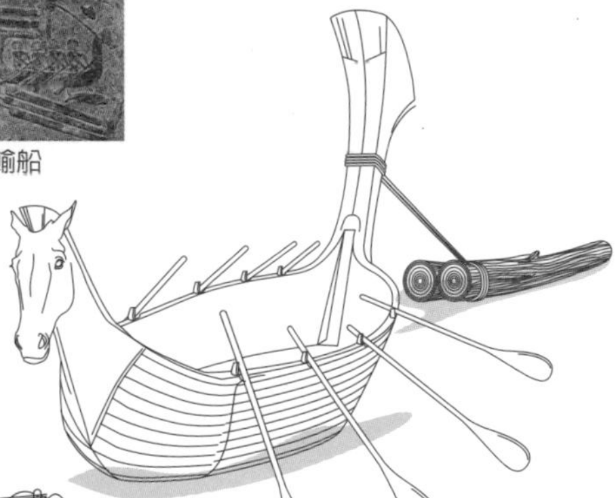

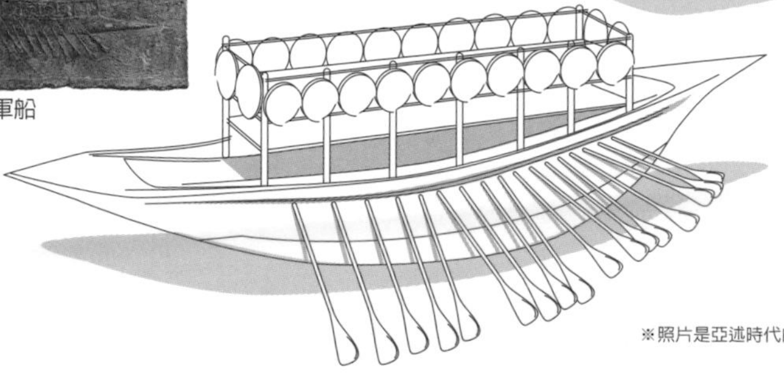

※照片是亞述時代的石頭浮雕（大英博物館藏）

約伯的試煉

神的正義與人類受苦的意義

義人約伯所受的多次苦難

烏斯地有個名叫「約伯」的人，爲人正直，道德無瑕，敬畏神，遠離惡事。他有七個兒子和三個女兒，是個擁有許多家畜和僕人的富豪。

有一天，神的使者侍立在神的面前，撒旦也在其中。神對撒旦提到約伯的敬虔，撒旦就向神挑戰說：「奪走他的財產，他就一定會詛咒你。」神就把約伯交給撒旦。撒旦下手奪走約伯的財產和小孩時，約伯沒有責怪神，只是說：「我赤身出於母胎，也必赤身歸回。」

撒旦又主張，讓約伯遇到生命危險，他就會對神產生恨意。於是約伯得了嚴重的皮膚病，非常痛苦。但約伯還是不怪神。

三個朋友聽說約伯遭臨災厄，就來探望他。他們看到約伯悲慘的模樣，陪了他七天七夜，還是無法跟他說半句話。

後來約伯開口，詛咒起自己的生命。約伯和三個朋友激烈的爭論就此展開。約伯的朋友本著善有善報、惡有惡報的傳統因果報應觀，認爲約伯一定是犯了什麼過錯，逼迫約伯要眞心悔改，求神饒恕。

約伯的反駁和神給約伯的答覆

可是約伯跟朋友反駁說，這世間正直的人受苦，做惡的人飛黃騰達，現實無法用因果報應來解釋清楚。不論如何自我反省，他都沒有犯下與自身苦難相當的罪過。那是約伯對飛來橫禍的痛訴。約伯到最後甚至想要跟神辯論。「我想要跟全能者談談。我要向神申訴。爲什麼神都不說話呢？」

對於約伯再三的要求，之前默不作聲的神在旋風中回答約伯：「誰用無知的言語使我的旨意含糊不清呢？」然後神談起天地創造和種種自然現象，告訴約伯他有多麼無知。約伯被神這番話震懾住了。

「從前我風聞有你，現在親眼看見你，因此我厭惡自己，在塵土爐灰中懊悔。」

後來約伯從神那裡得到比以前更多的祝福，財產增爲兩倍，又得到七個兒子和三個女兒，而且得享高壽。

撒旦針對約伯與神爭論

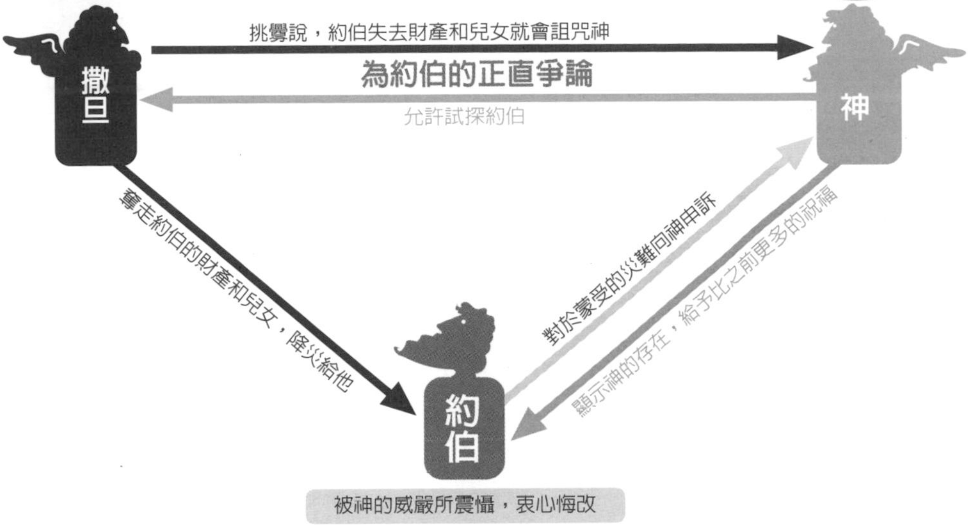
撒旦
神
約伯
挑釁說，約伯失去財產和兒女就會詛咒神
為約伯的正直爭論
允許試探約伯
奪走約伯的財產和兒女，降災給他
對於蒙受的災難向神申訴
顯示神的存在，給予比之前更多的祝福
被神的威嚴所震懾，衷心悔改

約伯喪失的東西

七個兒子
三個女兒
七千隻羊
三千隻駱駝
五百對牛
五百隻母驢
大批僕婢

〈約伯記〉的結構

第1章～2章	序言 神與撒旦爭論，直到約伯失去財產和家人
第13章～31章	約伯和三個朋友辯論人的苦難
第32章～37章	第四個朋友以利戶以因果報應的觀念批評約伯
第38章～41章	神回覆約伯的無知
42章	結論：約伯悔改，證明道德無瑕，家族恢復興旺

※〈約伯記〉被視為所謂的「智慧文學」，寫於公元前五世紀，針對神的正義、人類苦難的意義提出重要問題。

但以理看到的異象

末日到來與審判的啓示

夢兆與異象

巴比倫俘囚的時代，巴比倫王尼布甲尼撒從以色列王族和貴族之間選出有能力的少年，讓他們學習語言和書寫，在王宮服務。其中有四名猶大族出身的少年，其中一名就是但以理。但以理具備聰明才智，任何異象和夢兆都解得出來。

巴比倫王因爲做惡夢而患了失眠症，但以理不僅說中大王的夢，也能爲他解釋，包括王舉辦盛宴時突然在牆上出現的奇妙文字。後來總長和總督嫉妒他的能力，就密謀陷害他，羅織對王不敬的罪名，將他丟進獅子窟中，他卻毫髮無傷。

但以理做了許多夢，也看到許多異象。有一次看到的異像是海中出現四隻巨獸，分別是有鷹翅膀的獅子、啣著三根肋骨的熊、有四張翅膀和四個頭的豹，以及最恐怖、威力也最強的獸，有大鐵牙和十支角。第四隻在天上的法廷受審後遭處死，其餘的獸也都被奪去權柄。這個異象的結局是「人子」似的人駕著天雲而來。

此外，他還看到一個異象：公山羊從西飛奔而來，把公牛（編按：中文聖經譯本爲公綿羊）牴倒，公山羊的角斷了，長出四個小角。

這些異象是以獸類來概觀各國的興亡，說明當時的猶大人在歷史洪流中的困境，也預示受到的迫害將會結束，等到耶路撒冷復興時，末日就會來臨。同時告訴世人，到了世界末日，死者會從沈睡中醒來接受審判，有些人進入永生，有些人則蒙受永久的恥辱，受到無止無盡的憎惡。

但以理異象中的巨獸象徵

異象中的巨獸代表與以色列有關的國家

有大鐵牙和十隻角的獸

↓

羅馬

有四張翅膀、四個頭的豹

↓

希臘

啣著三根肋骨的熊

↓

波斯・米底亞

有鷹翅膀的獅子

↓

巴比倫

第2部
新約聖經

《新約聖經》敘述耶穌基督的生平和話語，以及基督教在耶穌死後的傳教活動。

首先是收錄耶穌言行的馬太、馬可、路加和約翰等四部福音書，接著是記載耶穌死後的〈使徒行傳〉，以及保羅寫給各地信徒的信，最後以描寫世界末日的〈啓示錄〉總結。

福音書的內容始於耶誕節的故事，再談到耶穌的傳教、十字架上的死亡和三天後的「復活」。尤其是耶穌的傳教過程中，穿插了多件奇蹟和譬喻。基督教就是奠基於《新約聖經》這部書卷。

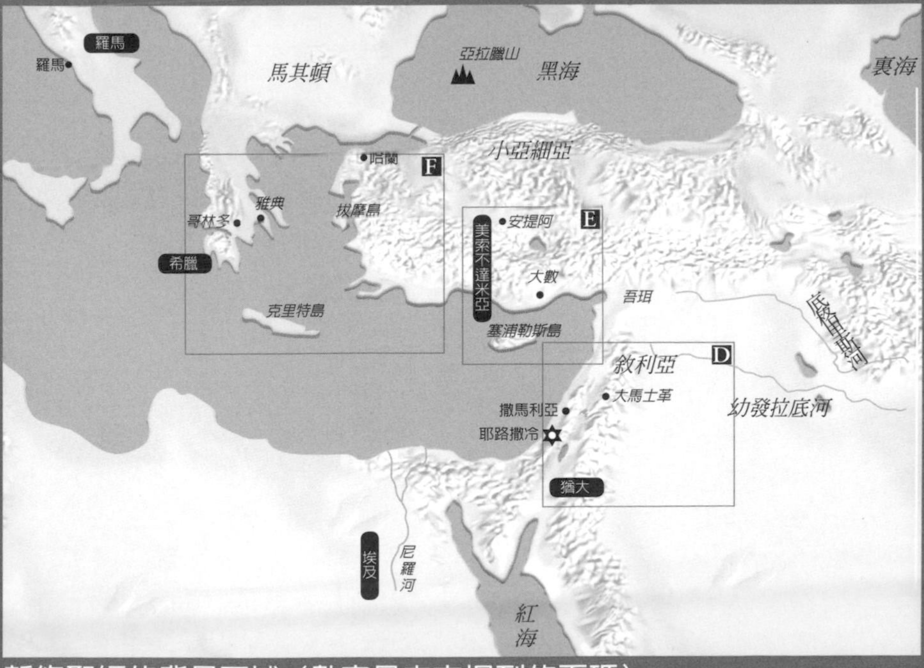

新約聖經的背景區域（數字是內文提到的頁碼）

D 79、81、83、85、89、91、95、101、103、107、109、111、115
E 107、111、113、115
F 107、111、113、115、117
＊詳細地名會在各頁內文中介紹。

馬利亞與約瑟

耶穌的雙親接受聖胎

從聖靈懷孕的處女

約瑟是加利利的木匠，馬利亞與他有婚約。有一天天使加百列在她面前顯現，告訴她神會與她同在，給予祝福。

「蒙大恩的女子，我問妳安，主和妳同在了。」

這突如其來的事情讓馬利亞驚慌失措，無法理解。天使就繼續說，不久她會從聖靈懷孕，生下男孩，要給他取名為「耶穌」。馬利亞聽到，覺得很困惑。她還是處女，不曉得為什麼自己會生子。

天使於是把秘密告訴驚愕的馬利亞。馬利亞以處女之身懷胎是因為聖靈的關係。生下的男孩會在日後成為聖者，被稱為「神的兒子」。

聽到這些話，馬利亞非常歡喜，因為她的信仰受到神的肯定，由神來授胎，將兒子託付給她。她為此讚美神。

天使在約瑟的夢中出現

未婚夫約瑟發覺到馬利亞懷孕了。約瑟與馬利亞還沒有成婚，馬利亞在此情況下，會被懷疑訂婚後與別的男性發生關係。對猶太教來說，這是重大的姦淫罪，也意味著馬利亞有可能被判處遭石頭打死的刑罰。

約瑟決定不點破馬利亞的事，想要偷偷與她切斷關係。這樣子馬利亞就不會被處以姦淫罪了。

但是有一天天使在約瑟的夢中出現，告訴他可以放心迎娶馬利亞。約瑟這才知道，馬利亞不久會產下的男孩是因聖靈懷的，而且必須把孩子取名為「耶穌」。

古時候就有先知預言過，「必有童女懷孕生子」，人稱他的名為「以馬內利」。「以馬內利」就是「神與我們同在」的意思，也暗示著耶穌此後的行動。

約瑟醒來後，就照著天使的話去迎娶馬利亞。馬利亞也就不必被約瑟解除婚約，以處女之身生下小孩。

這個男孩就這樣順利誕生，被父母取名為「耶穌」。

耶穌誕生的舞臺

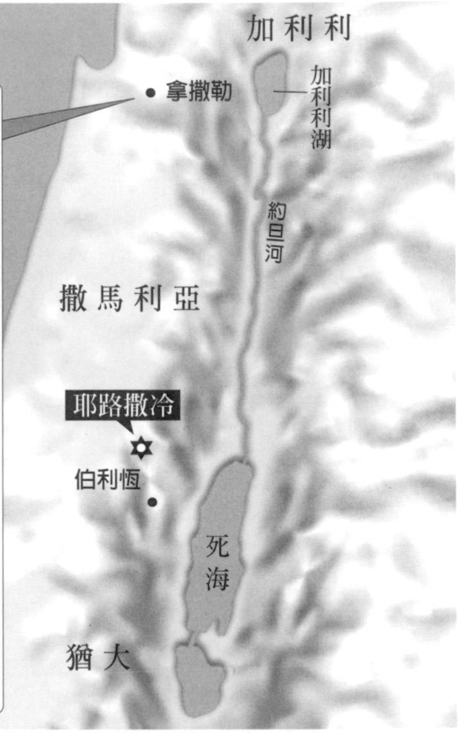

拿撒勒的街景

耶穌故鄉拿撒勒的街景。中間的建築物是「受胎告知教堂」

「受胎告知教堂」建築在據傳是馬利亞接到受胎告知的洞窟上方。

教堂內部的馬利亞房間

耶穌的族譜

（根據〈馬太福音〉）

女性 / 男性

- 亞伯拉罕
  - 從亞伯拉罕到大衛有14代
- 大衛
  - 從大衛到約西亞有14代
- 約西亞
  - 從約西亞到耶穌有14代
- 約瑟 ── 馬利亞

耶穌　雅各　約瑟　猶大　西門　姊妹　姊妹

※耶穌與他們是否為親手足衆說紛紜，尚無定論。

母親安娜與聖母馬利亞的雕像
※馬利亞的母親是安娜之說記在次經《雅各原福音書》之中。

耶穌誕生的傳說

新時代的開端

在馬廄出生的救世主

公元前的某一天，約瑟與馬利亞前往伯利恆。羅馬皇帝凱撒奧古斯都下敕命調查戶口，人民必須返回各自的出身地。

天使預告的男孩在馬利亞的肚子中即將誕生。他們抵達伯利恆不久，胎氣就動了，可是伯利恆的旅舍全部客滿，沒地方可住，所以耶穌出生的地方是馬廄。

在這一刻，神的榮光遮蔽夜空，照亮了那一帶。最先看到異象的是無名的牧羊人。他們在野外露宿，看守羊群。

牧羊人非常懼怕，天使就告訴他們：「救世主為你們誕生了。他就是主基督。你們會看到一個嬰兒包著布，躺在馬槽裡。那就是給你們的記號。」

聽到這個消息，他們萬分歡喜，就啟程去伯利恆，在那裡見到了馬利亞、約瑟和剛出生的耶穌。

希律王的殺意

耶穌誕生後不久，東方來的占星術博士來到耶路撒冷。因為他們看到表示猶太人新王已誕生的星星，決定前來拜見。

猶太的希律王知道這件事，覺得受到威脅而忐忑不安，心想一定要除掉這個孩子。他召來猶太教的領導人，詢問他們新王會在哪裡出生。那群人回答，就在猶太的伯利恆。希律王就問博士們那顆星星出現的時間，希望他們看到那孩子時回來告訴他，好讓他也去拜見，然後就送走了他們。博士們在那顆星星的引導下來到伯利恆，果然見到了耶穌。可是他們在夢中接到不要回去見希律的指示，就直接回到自己的國家。

約瑟在夢中又聽到天使說，希律王企圖殺小孩，必須暫時留在埃及。約瑟就服從指示，帶著馬利亞和孩子避難到埃及。

後來，果然如同天使的警告，希律王派人到轄區內的伯利恆，把當地兩歲以下的小孩都殺光。

希律王死後，天使又在夢中告訴約瑟可以回猶太了。他們就回去住在加利利的拿撒勒，耶穌在那裡平安地長大成人。

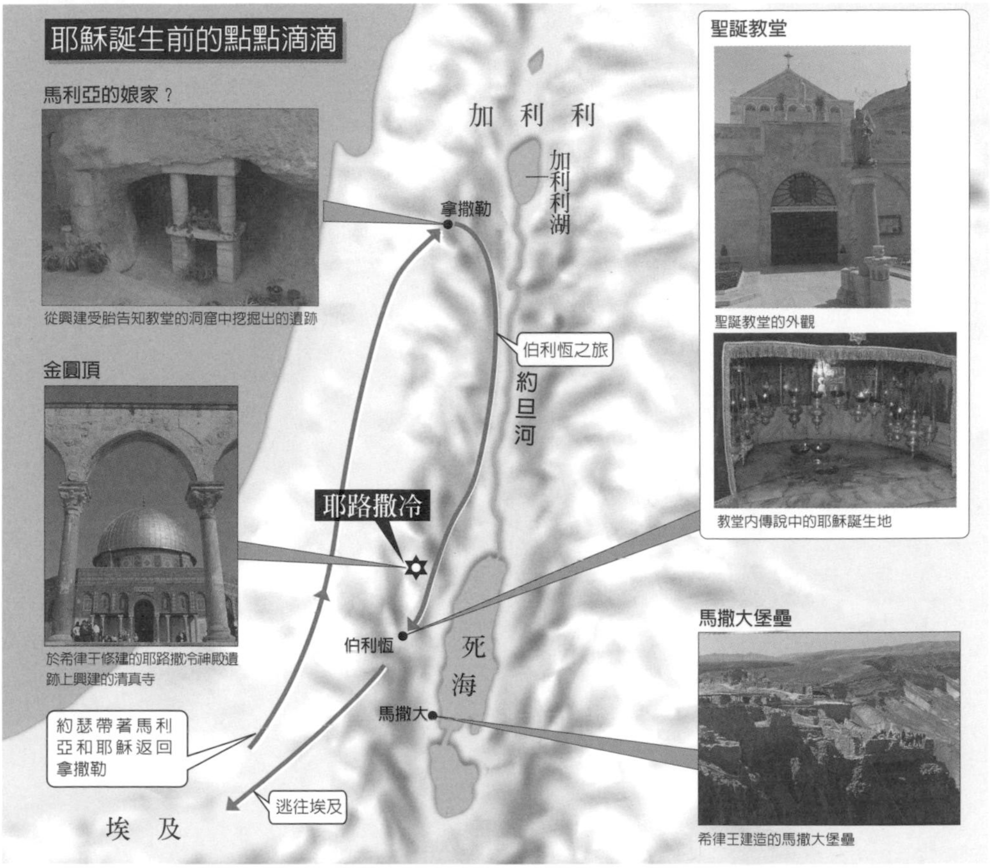
耶穌誕生前的點點滴滴
馬利亞的娘家？
從興建受胎告知教堂的洞窟中挖掘出的遺跡
金圓頂
於希律王修建的耶路撒冷神殿遺跡上興建的清真寺
加利利
加利利湖
拿撒勒
伯利恆之旅
約旦河
耶路撒冷
伯利恆
死海
馬撒大
約瑟帶著馬利亞和耶穌返回拿撒勒
逃往埃及
埃及
聖誕教堂
聖誕教堂的外觀
教堂內傳說中的耶穌誕生地
馬撒大堡壘
希律王建造的馬撒大堡壘

希律王的族譜

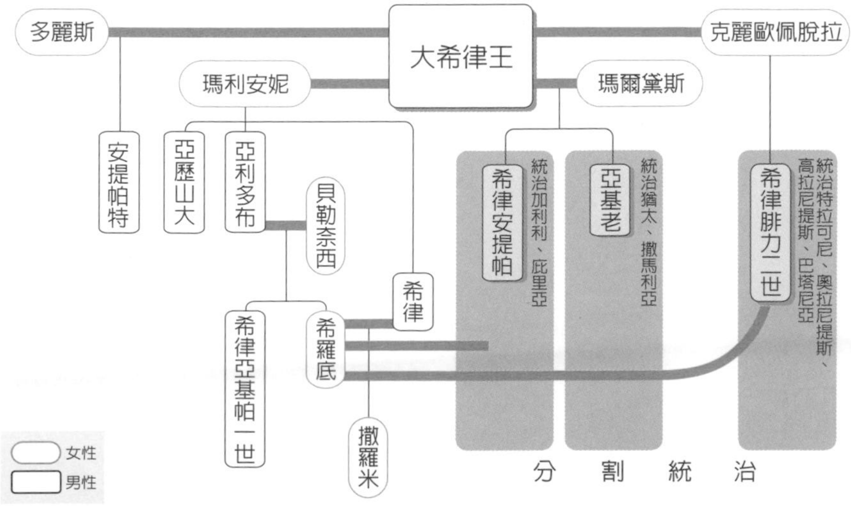
多麗斯
大希律王
克麗歐佩脫拉
瑪利安妮
瑪爾黛斯
安提帕特
亞歷山大
亞利多布
貝勒奈西
希律
希律亞基帕一世
希羅底
撒羅米
希律安提帕
統治加利利、庇里亞
亞基老
統治猶太、撒馬利亞
希律腓力二世
統治特拉可尼、奧拉尼提斯、高拉尼提斯、巴塔尼亞
分割統治
女性
男性

第1章 耶穌的生平與活動 —其教旨與話語—

施洗者約翰

宣傳天國已近的孤高先知

在荒野呼叫的聲音

拿撒勒的耶穌展開其傳奇的一生之前，猶大地出現一個「先知」，也就是施洗者約翰。他在羅馬皇帝提庇留在位的十五年中，於約旦河流域活動，身穿駱駝毛衣服，腰束皮帶，吃蝗蟲和野蜜，樣子很像曾在以色列出現的偉大先知以利亞。

他的出現正如《舊約聖經》中的記載：「看哪，我要差遣我的使者在你前面，預備道路。在曠野有人聲喊著說：預備主的道，修直他的路。」這個使者就是施洗者約翰。

他的活動主旨是「施洗」，宣佈末日將臨，要人們向神悔改，施洗就是悔改的證明，而這是末日審判中唯一得救的方法。這樣的活動稱爲「悔改的洗禮，使罪得救」。拿撒勒的耶穌聽到他的活動，也特地去接受約翰的洗禮。

從約翰到耶穌

然而，執政者不會忍受這活動獲得的巨大迴響。由於約翰獲得許多人的支持，治理加利利的希律安提帕覺得受到威脅，再加上希律安提帕自己與異母兄弟的妻子希羅底結婚之事遭他批評，因此對他很反感，就逮捕、拘禁他。耶穌就是在這時於加利利出現。

耶穌有一陣子與約翰一同活動，但後來就開始另外發展。約翰是孤高的先知，遠離塵煙，在荒野傳佈天國近了的消息，耶穌則反過來在城鄉傳播天國到來的福音。

約翰在監獄裡聽到耶穌活躍的事，派門徒去確認耶穌就是要臨世的彌賽亞。耶穌回答：「你們去，把所聽見、所看見的事告訴約翰。就是瞎子看見，瘸子行走，長大痲瘋的潔淨，聾子聽見，死人復活，窮人有福音傳給他們。凡不因我跌倒的就有福了。」

根據《舊約聖經》，療癒的奇蹟就是來臨的信號。耶穌是在告訴約翰，天國終於來臨了。

此後不久，約翰被希律斬首。他的志業就這樣中斷，但是耶穌承襲他的眼界，帶著同樣的信息展開活動。

耶穌與約翰活躍的區域

約旦河
約翰在約旦河施洗

耶路撒冷
公元前37年開始屬於羅馬，當時是在希律的統治下。

昆蘭
在此地發掘出昆蘭教團的建築，從遺跡找到死海文書。照片上是發現死海文書的洞窟所在。
昆蘭教團居住的遺跡
據說他們有嚴格的生活戒律。也有人主張，約翰就是與昆蘭教團一起活動。

耶穌與約翰的關係

（根據〈路加福音〉）

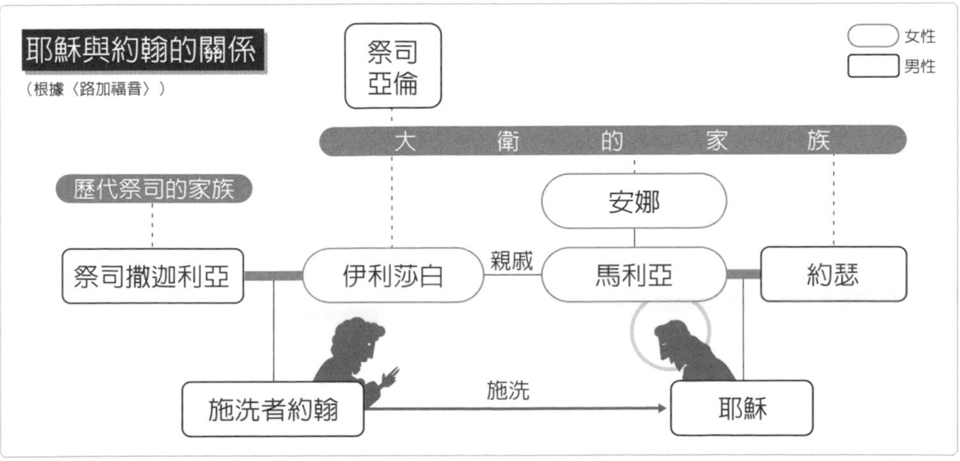

第1章
耶穌的生平與活動
—其教旨與話語—

耶穌活動的開始

跟惡魔辯論與十二門徒的形成

在曠野遭惡魔執拗地挑釁

接受施洗者約翰的洗禮之後，耶穌來到曠野生活，斷食四十天。四十天過後，耶穌正覺得飢餓時，惡魔來了，挑撥他說：「你若是神的兒子，可以下令這些石頭變成食物。」耶穌回答他：「人活著不是單靠食物，而是靠著從神口中說出來的每一句話。」

惡魔就把耶穌帶到耶路撒冷神殿的屋頂，再次挑釁他：「你若是神的兒子，可以從這裡跳下去。因爲經上記著說：『主要爲你吩咐他的使者保護你，他們要用手托著你，免得你的腳碰在石頭上。』」但耶穌回答：「經上說，不可試探主——你的神。」駁斥惡魔的挑釁。

惡魔兩次試探都沒有屈服耶穌，於是又把他帶到高山，給他看世間萬國的繁榮，然後說：「你若在我面前下拜，這都要歸你。」耶穌說：「滾開，撒旦。經上說，當拜主——你的神，單要事奉他。」就這樣徹底躲開惡魔執拗的試探。

門徒的召命

施洗者約翰被捕後，耶穌宣布：「日期滿了，神的國近了，你們當悔改，信福音。」就這樣開始活動。他以加利利湖畔的小城迦百農作爲傳教的據點。

活動展開後不久，耶穌在加利利湖畔遇到兩個漁夫。這兩人是兄弟，分別是西門（後來的彼得）和安得烈。耶穌對他們說：「來跟從我，我要叫你們得人如得魚一樣。」他們雖然正在打魚，還是立刻丟下網子跟從他。

耶穌接著遇到雅各和約翰。他們也是一對漁夫兄弟，正與父親西庇太在船上補網，但是耶穌一出聲招呼，他們就撇下漁船，跟著耶穌走了。

後來耶穌又吸收更多門徒，其中的彼得、安得烈、比庇太的兒子雅各和約翰、腓力、巴多羅買、稅吏馬太、多馬、亞勒腓的兒子雅各，以及達太、奮銳黨的西門，再加上加略人猶大，組成耶穌的心腹群，也就是日後所稱的「十二門徒」。

這些人被耶穌具權威的教導與充滿力量的譬喻所折服，始終跟著他傳教，直到耶穌在耶路撒冷被捕爲止。

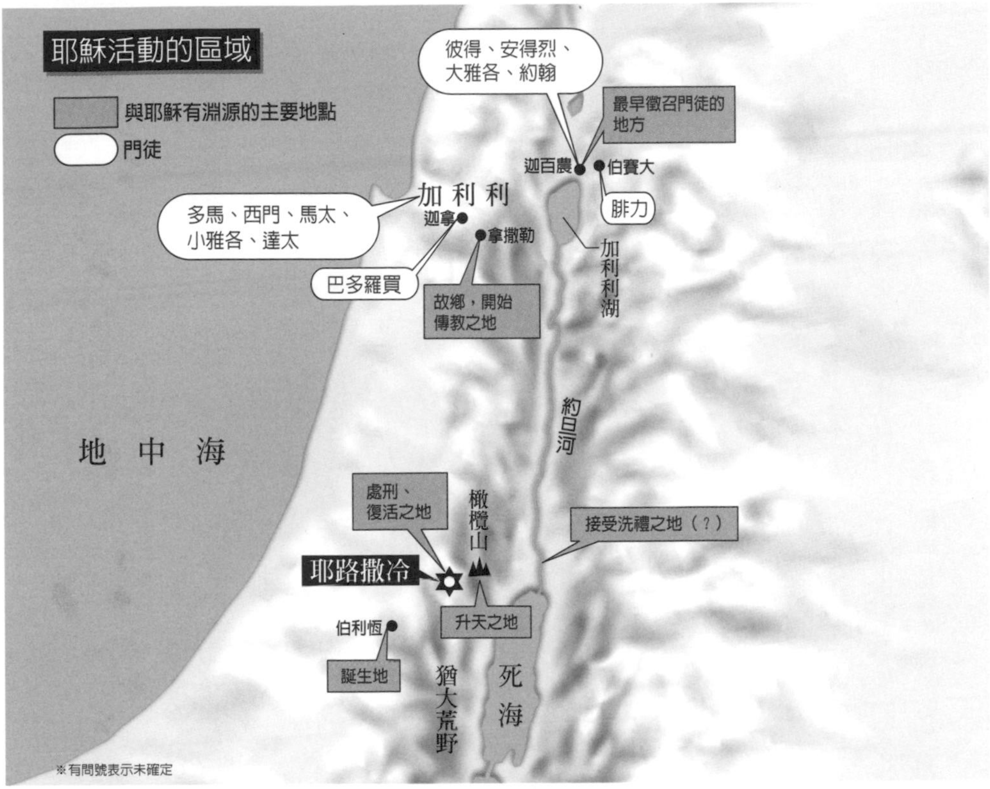

十二門徒

名字	出身地	人物紹介
彼得	加利利（迦百農？）	安得烈的兄弟，加利利漁夫。被視為第一號門徒
安得烈	加利利（迦百農？）	彼得的兄弟，加利利漁夫
大雅各	加利利（迦百農？）	約翰的兄弟，加利利漁夫。與彼得、約翰一樣與耶穌最為親近
約翰	加利利（迦百農？）	大雅各的兄弟，也是最早跟隨耶穌的門徒
多馬	加利利	據認是非常多疑的人
西門	加利利	被稱為「奮銳黨的西門」，聖經上只出現名字
馬太	加利利	既是門徒，也是第一部福音書的作者
小雅各	加利利	亞勒腓的兒子，稱為小雅各，以便與另一名雅各區分
猶大	加略（？）	背叛的猶大。為了與達太區分，而稱為加略人猶大
巴多羅買（拿但業）	加利利（迦拿）	聖經幾乎都沒有提到他，被稱為「真以色列人」
達太	加利利	別名「猶大」，為了與叛徒猶大區分而稱為「達太」
腓力	加利利（伯賽大）	伯賽大人，也是最早跟隨耶穌的門徒

※（　　）括弧內是城市名，問號表示不確定

第1章
耶穌的生平與活動
—其教旨與話語—

神國的話

在此世實現的救贖

種子成長的比喻

耶穌宣教的第一句話是：「日期滿了，神的國近了，你們當悔改，信福音。」至於神的國是什麼，耶穌是用比喻來告訴人們。

耶穌首先說出這個比喻：「神國如同人把種撒在地上，黑夜睡覺，白日起來，這種就發芽漸長，那人卻不曉得爲何這樣。地生五穀是出於自然的，先發苗，後長穗，再於穗上結成飽滿的子粒。穀子既成熟了，就用鐮刀去割，因爲收成的時候到了。」

還有這樣的比喻：「神的國可以用什麼來比喻呢？那就像一粒芥菜種，種在地裡的時候，雖比地上的百種都小，但種上以後就長起來，比任何蔬菜都要大，而且長出大枝，連天上的飛鳥都可以在它的葉蔭下築巢。」

神的國不是人可以完全掌握的。那也許像芥菜種一樣小，但會在日後長到無限大。

神的國就在你們心裡

那麼神的國何時會來到呢？這時究竟會發生什麼事呢？耶穌也針對這一點提出說明。

有人被鬼附身，看不見也不能說話，被帶去見耶穌，耶穌就把他治好了。人們看到事情的經過，都對耶穌的奇能感到吃驚。可是法利賽人認爲耶穌是靠著鬼王別西卜趕鬼，想要把他的力量和惡鬼歸爲同類。

耶穌聽到，就又舉例來反駁他們的責難：凡是國家、城市或家庭發生內鬥，就會敗落，失去功能。如果撒旦自己發生紛爭，他的國也就無法成立。我趕鬼是靠著超越鬼的力量，也就是神的能力。耶穌又說，他能夠靠著神的靈趕鬼，就表示神的國臨到那裡了。

法利賽人又問，神的國何時會來？耶穌回答說：「神的國來到不是眼所能見的，也不能說『在這裡』或是『在那裡』，因爲神的國就在你們心裡。」

這句話是在說，神的國是人眼看不見的奇妙世界，但是並不在彼岸的遠方。神的力量是在人們存在的生命中運作。

耶穌提到的比喻

樹和果子的比喻

壞樹結不出好果實

假先知披著羊皮出現，內心充滿貪欲。壞樹結不出好果實，因此你們要從果實去分辨他們。

把財寶積在天上

把財寶積在天上

不可在此世積蓄財寶，因為會遭蟲蛀，也會鏽蝕，或是被小偷潛進去偷走。財寶要積在天上。在那裡不會遭蟲蛀，也不會鏽蝕，也不會有小偷進入。你的財寶所在就是你的心。

窄門

永生的門是窄的

通往毀滅的門是寬的，道路也很大，因此從那裡進去的人很多。可是永生的門是窄的，道路也很小，找得到的人不多。

遺失的銀幣

一個罪人悔改，神的使者會為他歡喜

有個女人有十枚銀幣，其中一枚遺失時，就會點燈，打掃屋子，努力想要找到，如果找到了，就會請朋友鄰居來說：「我遺失的那個銀幣找到了，你們和我一同歡喜吧。」

耶穌其他的比喻

「神國」的比喻	「點火」和「秤」的比喻
「迷羊」的比喻	「種子成長」的比喻
「按才幹接受託付」的比喻	「房子和地基」的比喻
「不饒恕人的惡僕」比喻	「好撒馬利亞人」的比喻
「葡萄園工人」的比喻	「無知財主」的比喻
「葡萄園農夫」的比喻	「芥菜種」和「麵酵」的比喻
「不結實的無花果樹」的比喻	「大筵席」的比喻
「兩個兒子」的比喻	「浪子」的比喻
「喜宴」的比喻	「不義的管家」的比喻
「十童女」的比喻	「寡婦與法官」的比喻
「十錠銀子」的比喻	

耶穌治癒的人

- 許多病人
- 患有嚴重皮膚病的人
- 被鬼附身的人
- 半身不遂的人
- 瞎子
- 一隻手殘障的人
- 百夫長的僕人
- 水腫的人
- 駝背的女人
- 耳聾舌結的人

耶穌的奇蹟

療癒所帶來的解脫

被除去污鬼的少年

耶穌在加利利開始活動，對大眾說教。他曾經使少許的餅變多，分給缺糧的人。有一次還平息湖上的風浪，引發超乎自然力的奇蹟，讓人驚嘆不已。而耶穌最常施行的是趕鬼和治病的奇蹟。

有一天，耶穌遇到被鬼附身而不能說話的少年。這個鬼把他摔倒在地，讓他痙攣。這個情況從少年小時候就開始了，有時還會把少年丟到火裡或水中。

少年的父親對耶穌說：「你若能做什麼，求你憐憫我們，幫助我們。」耶穌聽到就說：「怎麼說『你若能做什麼』呢？你若能信，在信的人，凡事都能。」父親這才發覺自己並沒有打從內心相信耶穌和他背後有神存在這件事。他拼命懇求耶穌也一起拯救他。

耶穌答應了，叫鬼從那孩子裡頭出來，鬼就大聲喊叫，從少年身上出去了。耶穌拉起孩子的手，解除少年從幼年持續到現在的痛苦。

摸到耶穌衣服的女人

又有一天，耶穌前往會堂管理人睚魯的家，爲的是治療他的女兒。在路上有個十二年出血不止的女人聽到耶穌的傳聞，就擠進耶穌四周的群眾中，從後面摸到耶穌的衣服。她之前看過不少醫生，受了許多苦，也花盡了所有財產，病情卻日益惡化。她心想只要摸到耶穌的衣服就會痊癒。

她一碰到耶穌，血就立刻止住，病也就好了。耶穌覺得有能力從身上出去，就張望四周，想要知道是誰碰到他。那女人知道自己發生了什麼事，就很害怕，顫抖著走出來趴到地上，將實情說出。耶穌就跟她說：「女兒，你的信仰救了妳。平平安安地回去吧。妳的災病痊癒了。」

耶穌治好許多有病在身、身體有障礙或被鬼附身的人。

病人和身障者除了肉體上的疼痛之外，還要承受社會和精神上的痛苦，因此耶穌的療癒使他們得到解脫的體驗。而耶穌並沒有要求金錢等方面的回報，唯一的條件是要他們將一切交託給神。因此耶穌吸引了許多人，名聲也越來越大。

耶穌施展的諸多神蹟

地中海
泰爾
治好迦南婦人的女兒
‧治好彼得的岳母
‧治好羅馬百夫長的中風部屬
‧治好十二年出血不止的女人
‧使會堂管理人睚魯的女兒復活
‧在魚口中找到銀幣
‧治好駝背十八年的女人
‧治好被污鬼附身的男人
‧治好患有嚴重皮膚病的人
‧治好癱瘓的人
‧治好手麻痺的男人
迦百農
伯賽大
治好瞎子
凱撒利亞‧腓立比
治好罹患意識障礙的男孩
格拉森
使被鬼附身的人恢復正常
加利利湖
勒尼撒勒
趕走附身的惡鬼
‧讓西門捕到許多漁獲
‧平靜風浪
‧在湖上步行
‧治好耳聾結舌的人
‧給五千人食物吃
‧給四千人食物吃
聖餅的奇蹟教堂
提貝里亞斯
治好啞巴
迦拿
‧把水變成葡萄酒
‧治好迦百農大臣的兒子
迦拿出土的水壺，屬於耶穌時代。內盛的水變成葡萄酒的水壺可能就是這種形狀。
約旦河
迦南
使寡婦的兒子復活
耶利哥
治好兩個瞎子
伯大尼
使朋友拉撒路復活
耶路撒冷
死海
‧在畢士大池使三十八年無法走路的人痊癒
‧治好天生眼盲的人
‧使無花果樹枯萎
‧治好割下的耳朵
‧治好患水腫的人
傳說耶穌就是在西羅亞池治好天生眼盲者。這是希西家王挖掘的部分水道遺跡

山上寶訓

拯救受虐者的心

有人打你右臉時

耶穌開始活動沒多久，名聲就逐漸高漲，不僅是加利利，也有許多人從低加坡裏、猶大等地來見他。有一天，耶穌帶領聚集的群眾上山，在那裡講道。這就是後人所稱的「山上寶訓」。

耶穌說：「你們聽見有話說：『以眼還眼，以牙還牙』，可是我告訴你們，不要與惡人作對。有人打你的右臉，連左臉也轉過來由他打。」這句話並不是純粹在談無抵抗的美。被毆打的人是誰呢？就是必須服從威權統治，軟弱無力的下層階級。

耶穌繼續告訴他們，有人拿走你的內衣，就連外衣也給他，有人強逼你走一里路，你就走二里。「強逼你走一里路」的人是軍隊或官兵。這意味著支配者會用暴力強制徵用。可是耶穌指示說，不要用暴力去抵抗，而要加倍承受。其中隱含著受虐者以不抵抗去抵抗的態度。

不要憂慮

耶穌又對聽眾說，人無法同時事奉神和財富。這是對執著財富者的當頭棒喝，因爲他會失去重要的東西。耶穌還說，不要去煩惱吃什麼、喝什麼、穿什麼，因爲生命比食物重要，身體也比衣服重要。天上的飛鳥不種不收，也不積蓄在倉裡，神依然養活他們。不論多麼煩惱，也無法延長一丁點壽命。

野花既不勞苦也不紡線，但神依然讓植物結實長葉，開出美麗的花來。連極盡榮華的所羅門王所穿戴的也不如這一朵花。

對於爲衣食住行等基本生活煩惱的人，耶穌教導說：「不要爲明天憂慮，明天自有明天的憂慮，一天的難處一天當就夠了。」

山上寶訓的教導含有對受虐者的同情。我們也可以從中看出，爲生活憂煩的人所抱有的憤怒與苦楚。耶穌使宗教和政界領袖去面對這些民眾的想法，因此造成了與他們之間的緊張關係。

從各地來到耶穌身邊的群衆

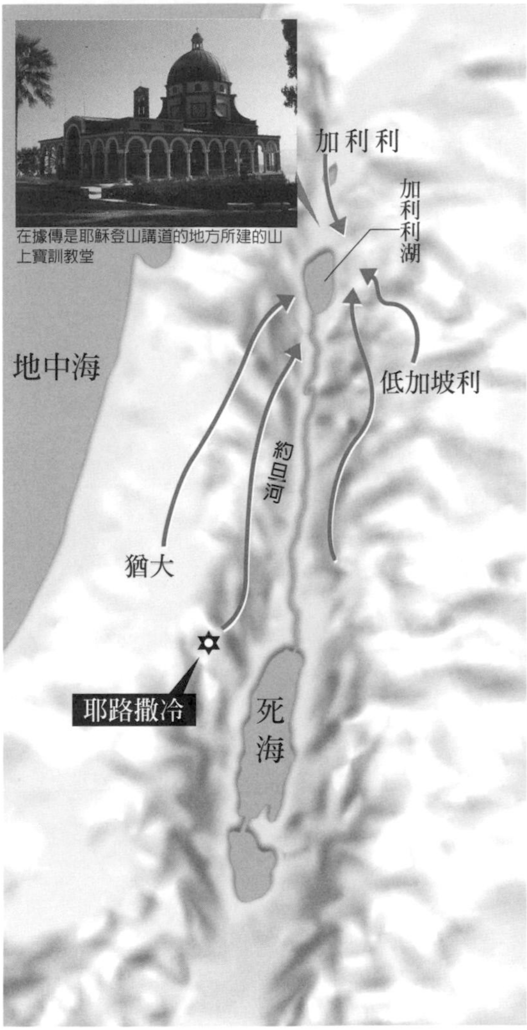

在據傳是耶穌登山講道的地方所建的山上寶訓教堂

「八福」的教誨

虛心的人
▼
天國是他們

哀慟的人
▼
必得安慰

溫柔的人
▼
必承受地土

飢渴慕義的人
▼
必得飽足

憐恤人的人
▼
必蒙憐恤

清心的人
▼
必看見神

使人和睦的人
▼
必稱為神的兒子

為義受逼迫的人
▼
天國是他們的

※摩西曾教導以色列人進入「應許之地」時要抱持的心態，耶穌也教人如何進入神國。這就是後人所稱的「八福」。摩西的十誡將重點放在日常行為上，「八福」則是舉出有資格進神國的人。

耶穌提出的新律法

怨恨他人，或是對人懷有怒氣，就是在心裡面殺人。

凡看見婦女就動淫念的，就是在心裡面犯了姦淫。

不可對天起誓，因為掌理一切的神就在那裡。

要愛仇敵，為迫害你的人禱告。

不要與惡人作對，有人打右臉，就把左臉轉過去給他打。

施捨要在暗中進行，不可讓人看到。

安息日的耶穌

批判律法至上主義

安息日的治療

耶穌常常去猶太人集會的教堂講道。某個安息日在會堂對群眾說話時，他發覺有一個人枯乾了一隻手。群眾中有幾個人就注意他會不會治療那個人。根據猶太教的律法，安息日不得工作，如果耶穌伸出援手，就是違反了律法，他們就有理由起訴他。而耶穌毫不猶豫地把那個人叫到會堂中央，問四周人：「在安息日行善行惡，救命害命，哪樣是可以的呢？」沒有人回答。耶穌就為人們剛硬的心歎息，還是治好了那個人。

又在另一個安息日，有個女人被鬼附身十八年，在會堂聽耶穌講道。耶穌看到這個女人，女人的病就好了。馬上又有人出聲指責這件事。會堂的管理人對眾人說：「有六日應當工作，那六日之內可以來求醫，在安息日卻不行。」

耶穌既然聽見了，就無法默不作聲。他說這女人痛苦了十八年，希望能儘快痊癒。不管是不是安息日，只要有人受苦，伸出援手不是理所當然的嗎？這就是耶穌對律法的態度。

追究律法的本質

耶穌這種態度並不只限於治療方面。他在安息日與門徒走在麥田上時，門徒邊走邊摘麥穗。法利賽人看到就指責耶穌說，不能在安息日做這種事。耶穌就拿大衛王做過的事來反駁：大衛和隨從肚子餓了卻沒有食物時，儘管當天是安息日，他還是去拿只有祭司可食的供餅來吃，也順手給了隨從，不是嗎？

耶穌拿門徒和飢餓的大衛隨從來比擬有點不合適，但是對耶穌來說，用律法來束縛人是要不得的。

律法是神授予人的旨意。律法中安息日的規定最受重視，原意是要讓揮汗的工人休息，可是律法一旦變成形式，不在安息日休息的人就會被以違反律法論罪。規定原本是要保護人，卻變成了束縛人。

因此耶穌大聲說：「安息日是為人制定的，人不是為安息日而活。」

安息日的差異

基督教

以星期日為安息日是源自於基督復活

耶穌認為，即使是安息日，如果有人遇到困難，仍然要伸出援手。

猶太教

以星期六為安息日是根據天地創造的故事。基於曾在埃及當奴隸的經驗，規定從雇主到僕婢以至家畜一律都要休息。

猶太教的律法禁止在安息日工作。

安息日是為人設立的，人不是為安息日而活。

※伊斯蘭教是以星期五為安息日

猶太教的支派

撒都該派

受到許多耶路撒冷貴族、祭司階層，以及猶太貴族和地主等富裕階層的支持。在希臘文化中屬於溫和有彈性，但在宗教上偏於保守。以神殿的權威為宗旨，因此隨著神殿毀壞而消失。

法利賽派

配合日常生活來解釋律法，嚴格遵守，因此能獲得貧困階級的支持。以民主為目標，在神殿毀壞後成為猶太教主流。由於對律法的解釋不同，強烈反對耶穌。

艾賽尼派

與俗世保持距離，在修道院集體生活，注重戒律。擁有太陽曆，日常生活勵行祭儀、律法研究、農耕、集體用餐等事。

奮銳派

在猶大成為羅馬一省而受到壓制時，發動反對羅馬的武力抗爭。認為只有神是以色列之主，長期對羅馬進行抗稅等抵抗活動。

第1章
耶穌的生平與活動
—其教旨與話語—

潔淨聖殿

對神殿體制的抗議

在民眾的歡呼中進入耶路撒冷城

在加利利獲得許多支持者之後，耶穌決定配合猶太教的重要節日——逾越節，前往聖都耶路撒冷。一行人走近耶路撒冷，到了伯法其和伯大尼，耶穌派兩個門徒到一個村子，把一匹驢牽來。

兩個門徒進入村子，就看到一匹小驢。要解開繩子時，旁邊的人問道，你們放開驢子做什麼？耶穌已事先關照過門徒，碰到這個情況要回答：「主要用牠。」門徒照著耶穌的吩咐說完，那些人果然就接受了，准許他們把驢子牽走。

耶穌就這樣如同《舊約聖經》的預言，坐在驢背上進入耶路撒冷。

看到的人都把自己的衣服舖在路上，或是舖上小樹枝，歡迎耶穌進城。前行和隨後的人都喊著說：「和散那，奉主名來的是應當稱頌的。那將要來的我祖大衛之國是應當稱頌的。高高在上和散那。」「和散那」是希伯來語，原意是「求救」。

耶穌一抵達耶路撒冷，就先進入神殿境內，看看四周的情況。到了傍晚，就帶著十二個門徒回到伯大尼。

在神殿引起的騷動

第二天，耶穌再次進入耶路撒冷，然後走到神殿境內，把那裡的商人趕出去，推倒兌換銀錢之人的桌子和賣鴿之人的凳子。對耶穌來說，神殿必須像《舊約聖經》裡面那樣，非得是祈禱的地方不可，怎麼可以有人在那裡做生意、換錢呢？耶穌是以這樣的舉動抗議耶路撒冷神殿要人民拿動物獻供而不是禱告、要人民繳納神殿稅的權力，以及藉著徵稅自肥的人。

總而言之，這是一種激烈的行動，藉以否定以耶路撒冷神殿爲中心的猶太教支配體制。

知道耶穌的抗議行動之後，猶太教神殿體制的領導人，也就是祭司長和律法學者們齊聚一堂，商議如何謀害耶穌。他們對於很能吸引民眾的耶穌教誨也深感威脅。

這件謀害計畫在耶穌的門徒之一，也就是加略人猶大去見祭司長之後加速發展。命運的腳步正在逼近。

留在耶路撒冷舊街的八道門

新門
鄂圖曼王朝末期阿布杜勒哈米德二世時代建造的，因此又稱為「阿布杜勒哈米德門」。
大馬士革門
通往敘利亞大馬士革的公路，被視為八道門中最美麗的。
希律門
據說希律王的家就在附近。
聖司提反門
有浮雕刻著一對獅子，因此也稱為「獅子門」。司提反是基督教第一個殉教者，他就是在這個門邊被處刑，遭亂石打死。
黃金門
耶穌坐在驢背上，從橄欖山經過這道門進入耶路撒冷。
雅法門
從雅法上岸的物資從這道門運進來。
錫安門
附近的錫安丘有大衛的墳墓。
糞門
耶穌時代僅容人和驢子勉強通過的小門，據說耶路撒冷城內的污物是從這道門運出去。

從加利利到耶路撒冷的路線

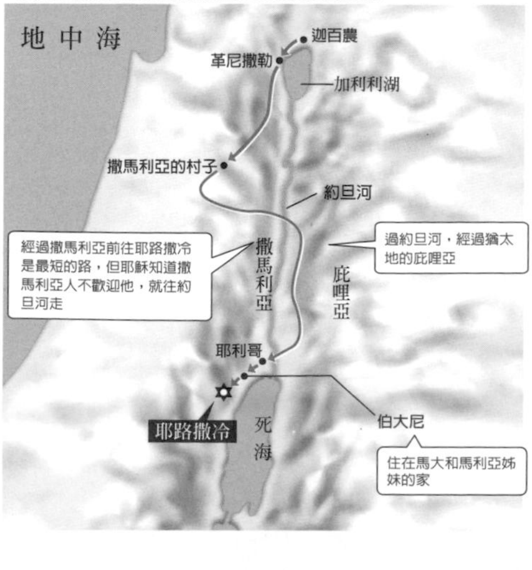

耶穌時代的耶路撒冷神殿

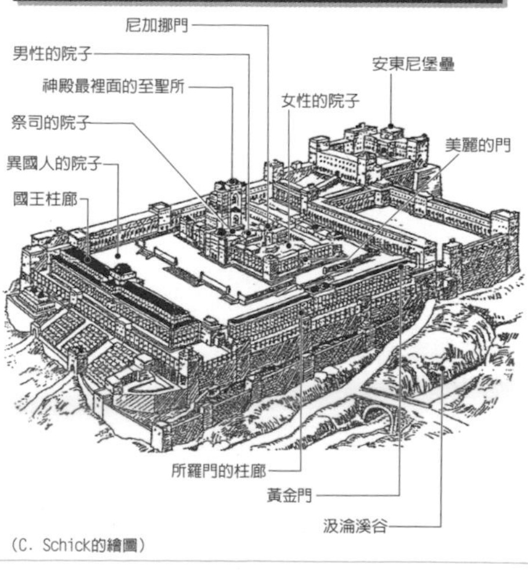

(C. Schick的繪圖)

最後的晚餐

受難的時刻逼近

預告將遭背叛

除酵節的第一天，門徒問耶穌，要在哪裡吃過節的筵席時，耶穌已經決定好地點，派門徒去準備餐食。到了傍晚，耶穌和十二個門徒在那戶人家的餐桌邊坐好後，就說出震驚眾人的話。

「你們中間有一個人要出賣我了。」

門徒們都非常痛心，紛紛問耶穌：「主，是我嗎？」看到他們那麼驚慌，耶穌回答說：「同我蘸手在盤子裡的人會出賣我，正如經上寫的那樣，人子必要去世。那人不生在世上反而好。」耶穌說著，就拿起餅來，祝福之後掰開遞給門徒說：「你們拿著吃，這是我的身體。」又拿起有葡萄酒的杯子，祝謝完遞給他們說：「你們都喝這個，因爲這是我立約的血，爲許多人流出來，使罪得赦。」用完餐，他們一起唱詩，然後往橄欖山走去。

在客西馬尼愁苦的禱告

在路上，耶穌跟門徒說情勢很緊迫，當他面臨危難時，門徒們應該都會逃跑。門徒紛紛否認。彼得甚至說，就算會因此喪命，他也不會背棄耶穌。耶穌就對彼得預告說：「今晚雞叫之前，你會三次不認我。」

他們就這樣來到山腳下的客西馬尼園。耶穌叫彼得、雅各和約翰三人在一旁等著，想要在緊張與不安的情緒中祈禱。這是一段愁苦的禱告：「我父啊，如果可以，求你叫這杯離開我。然而，不要照我的意思，只要照你的意思。」耶穌禱告完，走回去看到門徒都睡著了，就歎氣說，你們連一時片刻都不能保持警醒嗎？耶穌繼續禱告，門徒又抵不過睡魔的侵襲。這次耶穌說：「你們的心靈固然願意，肉體卻軟弱了。」

結束三次禱告，耶穌察覺到逼近的危險，就告訴瞌睡的門徒：「現在你們繼續睡覺安歇吧。時候到了，人子要被交到罪人手裡了。起來，我們走吧。看哪，賣我的人來了。」

最後晚餐的房間（？）

據說是耶穌與十二門徒共進最後晚餐的房間。達文西的「最後的晚餐」畫中，所有人都坐在椅子上，但當時的人都是躺著用餐的。

耶穌愁苦的禱告

客西馬尼內的「萬國民教堂」，祭壇前有一塊岩石，據說耶穌曾在那裡禱告。

耶穌的最後一餐

逾越節菜單

加略人猶大
背叛後自殺的使徒

瞞不住的不軌企圖

加略人猶大也是從耶穌傳道的初期就開始跟隨，負責管理整群人的金錢。可是進入耶路撒冷之後，他就開始有了不軌企圖。

耶穌和門徒聚在一起共進逾越節筵席（最後的晚餐）之前，他去見耶路撒冷神殿的祭司長，表示願意交出耶穌，換取銀子。

祭司長本來就有意謀害耶穌，欣然同意猶大的提議。他們答應用三十枚銀幣來交換耶穌，猶大就回到耶穌那裡。

猶大回去後，就開始找機會，希望趁四周沒有民眾時，把耶穌交出去。

可是耶穌看出猶大的計謀，在逾越節的筵席上，預告會有一個門徒出賣他，把他交給敵人。耶穌突然的話讓門徒很吃驚，紛紛詢問，到底是誰？耶穌卻只是暗示，而沒有直接點名。

猶大惶恐地問，是我嗎？耶穌說：「你說的是。」

用餐結束，一行人走到橄欖山。在山腳下的客西馬尼園裡，只有三個門徒在耶穌旁邊。對猶大來說，機不可失。

在客西馬尼逮捕

耶穌在客西馬尼園憂心忡忡地向神祈禱。做了第三次的祈禱後，他發覺命定的一刻來臨了。猶大把祭司長和民間長老派來的群眾帶來了。猶大早就跟祭司長那些人說好，會給他們暗號。和他親嘴打招呼的人就是耶穌。

來到園裡，猶大立刻到耶穌跟前，與他親嘴。看到暗號，大祭司的手下就逮捕了耶穌。門徒們看情況不對，都拋下耶穌逃走。

耶穌早就預見到當晚猶大的背叛，以及門徒拋下他逃走的事。一群人捉住連門徒都背棄不顧的耶穌，帶到大祭司家，以便隔日進行審判。

沒多久耶穌就被判了死刑。知道結果時，猶大深感罪孽深重，就又到祭司長那裡，想要退回三十枚銀幣，希望能挽回情勢，可是已下的判決不可能收回。猶大沮喪至極，把銀幣丟在神殿裡，就上吊縊死自己了。

逮捕、帶走耶穌的路線

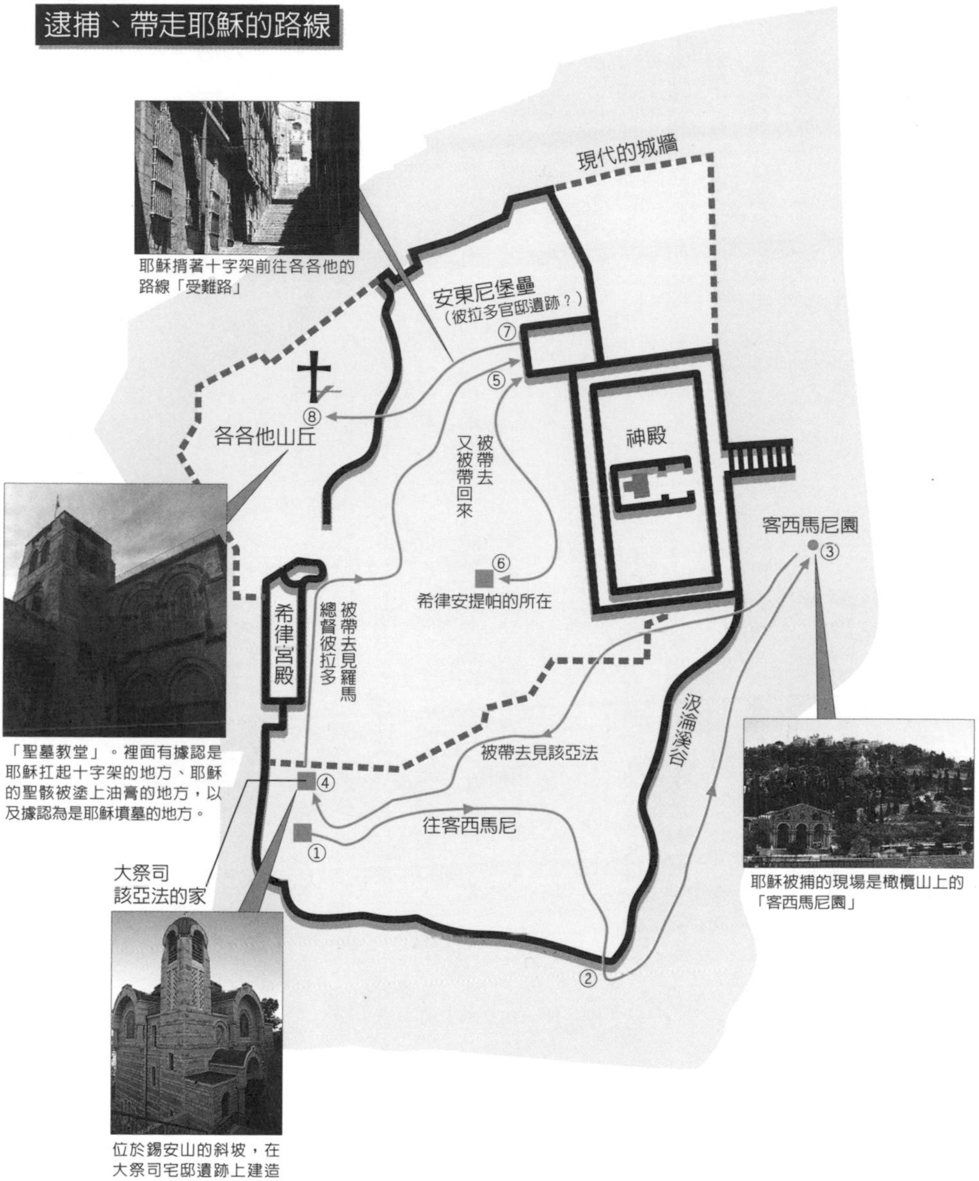

耶穌揹著十字架前往各各他的路線「受難路」

「聖墓教堂」。裡面有據認是耶穌扛起十字架的地方、耶穌的聖骸被塗上油膏的地方，以及據認為是耶穌墳墓的地方。

耶穌被捕的現場是橄欖山上的「客西馬尼園」

位於錫安山的斜坡，在大祭司宅邸遺跡上建造的「雞鳴教堂」

猶大為什麼要出賣耶穌？

▶金錢說…………交出耶穌可以換錢

▶撒旦說　………被惡魔附身

▶失望說…………有些學者認為，因為他期待耶穌推翻羅馬，建立大衛王國，結果大失所望

十字架與復活

悲劇與超越

在各各他山丘臨終

逮捕耶穌後，天亮了，祭司長等人煽動群眾，把耶穌帶到羅馬總督彼拉多那裡，再慫恿群眾把他釘上十字架。

彼拉多想不出把他釘上十字架的理由，但禁不住群眾執拗的要求，就表示可以釋放一個人，問大家要選擇在暴動時殺人的囚犯巴拉巴還是耶穌。群眾仍然要求處死耶穌，希望釋放巴拉巴。

彼拉多只好答應群眾，決定把耶穌釘上十字架。耶穌被穿上朱紅色袍子、戴上荊棘編的冠冕，頭被蘆葦棒打了許多次，也有唾沫吐在他臉上。他就這樣承受著侮辱和暴力，揹著十字架一步步走向各各他山丘。

早上九點，耶穌和兩名強盜一起被釘上十字架。三小時後，遍地暗了下來，長達三個小時。到了下午三點，耶穌大聲喊道：「以利！以利！拉馬撒巴各大尼？（我的神！我的神！爲什麼離棄我？）」耶穌又喊了一次，就斷氣了。據說在這一瞬間，神殿的垂幔從上到下裂成兩半。百夫長看到，就驚愕地說：「這個人眞的是神的兒子啊。」

一群婦女在遠處守望著耶穌，包括母親馬利亞和抹大拉的馬利亞。耶穌的門徒竟沒有一個看到耶穌臨終。

耶穌復活

當天傍晚，有個最高法院的議士，也就是來自亞利馬太的約瑟去領取耶穌的遺體，加以埋葬。約瑟用亞麻布將耶穌裹好，放在岩石鑿開做成的墳墓裡，再用大石頭堵住入口。

三天後的清晨，母親馬利亞、抹大拉的馬利亞和撒羅米三人要去墓地爲耶穌遺體塗香油。埋葬耶穌之後，照理說不會有人來這裡，可是墓前的大石頭已經被移到旁邊。她們進到裡面，看到一個年輕人穿著白袍坐著，就非常驚恐。

那年輕人對她們說出非常震撼的話：耶穌復活了，不在這裡。他給她們看安放耶穌的地方，證明墓已經空了。

後來門徒也都知道耶穌復活了。這些人在導師被捕時逃之夭夭，耶穌卻再次出現在他們面前。這個經驗賦予他們新的活力。他們後來在耶穌結束一生的耶路撒冷聚集，展開繼承耶穌的志業。悲劇的夜晚已逝，新的早晨即將開始。

有人目睹耶穌復活的地方

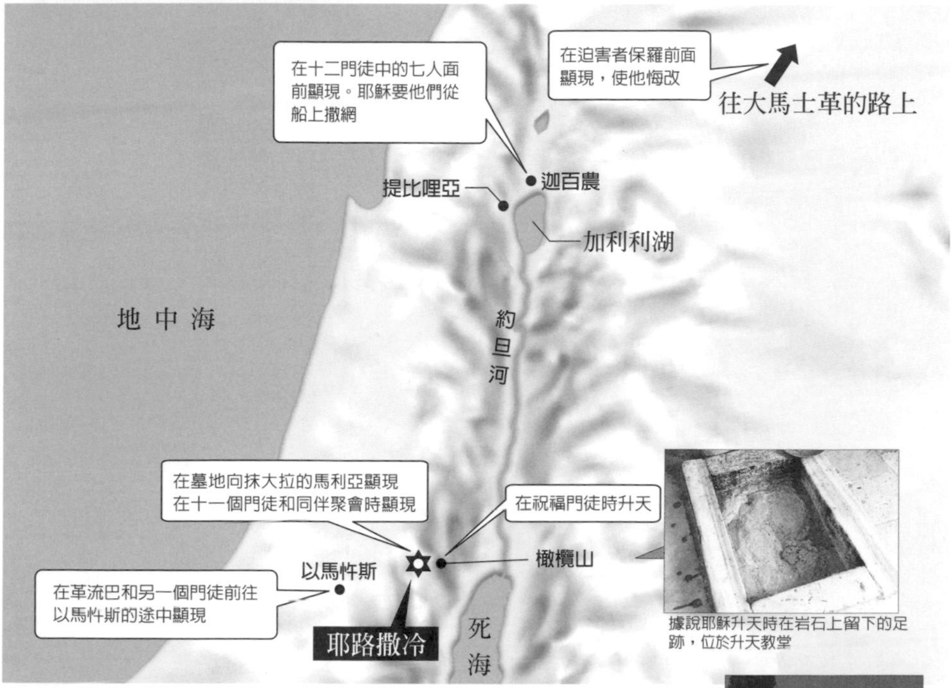

據說耶穌升天時在岩石上留下的足跡，位於升天教堂

從耶穌被捕到復活

星期四	晚上十點	耶穌被捕
星期五	清晨	群衆要求將耶穌處刑 總督彼拉多判耶穌死刑
星期五	早上9點	揹著十字架前往各各他 被釘上十字架
星期五	下午12點～3點	天色突然變暗， 斷氣之前黑暗籠罩
星期五	下午3點	耶穌斷氣時神殿的垂幔從上到下裂成兩半
星期五	傍　晚	最高法院議士約瑟去領取耶穌遺體 為遺體塗油、埋葬
星期六	一整天	安息日
星期日	清　晨	母親馬利亞、抹大拉的馬利亞和撒羅米三人去墓地，想要為耶穌的遺體塗香油，墳墓卻是空的 ⬇ 耶穌復活

在判死刑處興建的教堂

苦惱之母馬利亞教堂的浮雕。據說馬利亞在這裡看到扛十字架的耶穌

據說這裡就是各各他山丘（聖墓教堂内）

據說就是在這裡為遺體塗香油（聖墓教堂内）

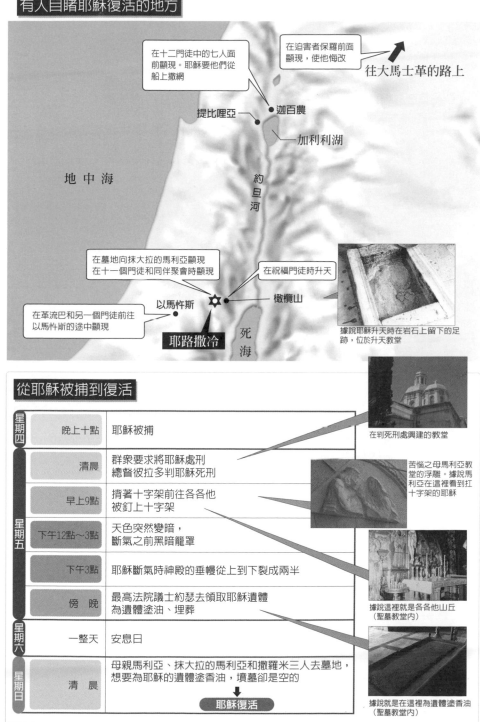

與耶穌相遇的女性

伴隨到悲劇終了的人

被貼上有罪標籤的女性

耶穌在十字架上斷氣時，有一些女人一直陪在旁邊。她們在加利利遇到耶穌，從他那裡得到救贖和平安之後，就一直跟隨著他。那是男性鄙視女性的時代，耶穌不帶歧視的態度吸引了那些女人。

有一天，一名被貼上「罪人」標籤的女人來到耶穌面前。她聽說耶穌在法利賽人的家裡吃飯，就拿著盛香膏的玉瓶來看他，站在耶穌背後，挨著他的腳哭，眼淚沾濕了耶穌的腳，她就用自己的頭髮擦拭，又用嘴去親，然後開始抹上香膏。

法利賽人看到，就驚愕地想著：「這人若是先知，應該會知道摸他的人是誰。她乃是個罪人啊。」耶穌察覺到他的想法，就對他說，像這種以不顧一切的愛做出來的行爲，就是罪得到赦免的信號。愛多的人得到的赦免就多，愛少的人得到的赦免就少。耶穌又大膽地在眾人面前宣布，這個女人的罪得到赦免了。

抹大拉的馬利亞

有不少女性一遇見耶穌就開始追隨他，抹大拉的馬利亞就是其中一個被耶穌吸引的女人。

她曾經被七個惡鬼附身而痛苦不堪，遇到耶穌，蒙耶穌爲她驅走惡鬼後，就與其他的隨從一起事奉耶穌，跟著他來到耶路撒冷。耶路撒冷卻發生遽變，耶穌被猶大出賣，在客西馬尼園被捕，羅馬總督彼拉多將他判處死刑。耶穌先是遭到侮辱與暴力，然後在各各他山丘釘上十字架，於六小時之後斷氣。

那時抹大拉的馬利亞與耶穌的母親馬利亞、撒羅米，以及跟著耶穌從加利利來的女性在一起，始終在遠處守望著。最高法院的議士，亦即亞利馬太的約瑟去領來耶穌的遺體，加以埋葬時，也只有這群婦女在場。耶穌親近的十二門徒沒有一個陪著耶穌臨終。

第三天早上，她們去墓地爲耶穌塗油膏時，聽到不可思議的訊息：耶穌「已經復活了」。

在耶穌的悲劇中，陪他到最後一刻的不是門徒，而是與耶穌相遇、事奉耶穌的女人。若說基督教信仰是起自於這些女性也不爲過。

抹大拉的馬利亞追隨耶穌

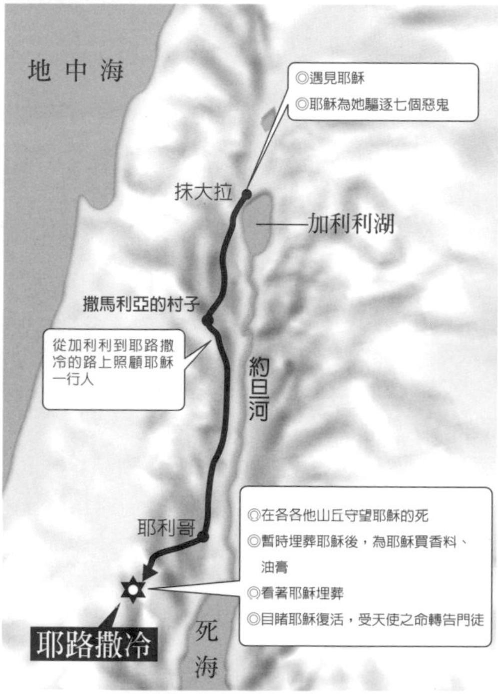

耶穌為抹大拉的馬利亞驅逐的七個惡鬼

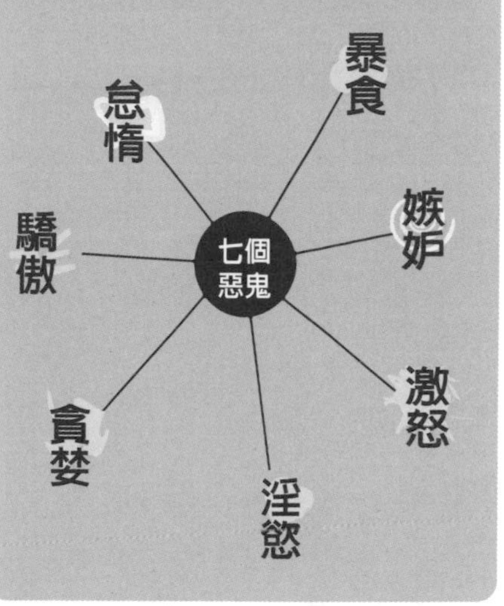

※根據六世紀後葉羅馬教皇格列高里一世的解釋，七個惡鬼代表能令人犯罪的七種欲望或情緒。

耶穌身邊的女人

母親馬利亞
耶穌之母，拿撒勒的約瑟妻子。

抹大拉的馬利亞
被耶穌治好惡鬼導致的病。看著耶穌被釘十字架，也是最早看到耶穌復活的人。

伯大尼的馬利亞
馬大的妹妹。常聽到耶穌的事情，預料耶穌會受難，就把昂貴的油膏塗在耶穌的腳上，再用自己的頭髮擦拭。

馬大
伯大尼的馬利亞的姊姊。雖請耶穌來家裡，卻忙得沒空聽他講道理。

撒羅米
與抹大拉的馬利亞一起守望耶穌受十字架刑和死亡，也是最早看到耶穌復活的人。

西庇太兩個兒子的母親
與抹大拉的馬利亞一起守望耶穌受十字架刑和死亡。希望兒子雅各和約翰以後能坐在耶穌的左右邊。

小雅各和約瑟的母親馬利亞
與抹大拉的馬利亞一起守望耶穌受十字架刑和死亡，也是最早看到耶穌復活的人。

革羅罷的妻子馬利亞
耶穌母親馬利亞的姊妹。也在一旁守望耶穌受十字架刑。

首位弟子彼得

為初代教會煩惱的領導者

與耶穌的相遇和挫折

彼得原本是在加利利湖打魚的漁夫，卻因為遇見耶穌這個人物，而改變了一生。

他和平常一樣，和兄弟安德烈在加利利湖捕魚時，湖畔站著一名男子。這個人就是耶穌。「跟我來吧。」這一句話就讓他們丟下網子，決定和耶穌一起傳道。

後來，由於耶穌講道和施行的諸多奇蹟引起很大的迴響，在猶太教高層的眼中，耶穌這群人成了破壞秩序的亂源。祭司長和律法學者等猶太教領導人開始策畫謀害耶穌，最後與耶穌十二門徒之一的猶大勾結，逮捕耶穌，然後要求羅馬總督彼拉多將耶穌處刑。

耶穌被捕時，彼得雖與其他門徒撇下耶穌逃走，但他還是想知道結果，而在半夜潛入總督府。然而有人質問彼得時，他的回答卻是：「怎麼可能？我和耶穌沒有關係。」連續三次不認耶穌。這時雞鳴響徹宅院。彼得聽到，想起耶穌曾說：「今晚雞叫之前，你會三次不認我。」就走到外面痛哭。

耶穌被判十字架刑，終於離開人世。彼得在這段時間消失蹤影。

耶穌復活的經驗和教會的建立

然而，彼得不久就遇到「已復活」的耶穌，得到不可思議的體驗。正是這極為震撼的體驗為此後的彼得帶來嶄新的活力。與他有相同體驗的門徒也是一樣。

耶穌死後，門徒在耶路撒冷聚集，信仰在他們心中萌生，認定耶穌是真正的彌賽亞（基督），這裡因此誕生了基督教的初代教會。相對於此，猶太教的領導人認為，把被羅馬官員處刑的人稱為彌賽亞是對神的褻瀆。由於彼得是教會的主管，他遭到猶太教最高法院的調查，雖然遭到鞭笞，也不改變信仰。

後來彼得不時要為教會內的諸多問題煩惱，有時候也必須妥協，但是對耶穌的信念絲毫不減。為最初期的教會奠定基礎後，彼得就離開初代的耶路撒冷教會，去各地旅行傳教。他晚年來到羅馬，據說是在羅馬當局的迫害中，被倒釘十字架處死。

十二門徒的後續發展

彼得	遠赴刮起迫害暴風的羅馬，在尼祿皇帝的手下殉教
安得烈	去希臘傳教，被釘上X型的十字架殉教
大雅各	遇上希律王迫害基督徒的鐵腕而殉教
約翰	從耶路撒冷來到以弗所（土耳其西部），在迫害中被放逐到拔摩島
多馬	去印度傳教，在該處殉教
西門	去埃及傳教後，與達太一同前往波斯，在該處殉教
馬太	在衣索匹亞或波斯殉教
小雅各	被從耶路撒冷神殿的屋頂推落，再遭石頭丟擲與毆打之後殉教
猶大	出賣耶穌，把他交給羅馬當局後懊悔不已而自殺。空缺由馬提亞遞補
巴多羅買（拿但業）	在印度、波斯、德國穿梭傳道，在亞美尼亞殉教
達太	與西門共赴波斯而殉教
腓力	去土耳其傳道，在該處殉教

※

羅馬教宗始自彼得

初代	伯多祿（彼得）	（在位33年？～67年？）
第2代	李諾	（在位66年？～78年？）
第3代	阿納克萊圖斯	（在位79年？～91年？）
第4代	克勉一世	（在位91年～101年）
第5代	立德	（在位101年～108年）
⋮	⋮	⋮
第261代	教宗若望二十三世	（在位1958年～1963年）
第262代	教宗保祿六世	（在位1963年～1978年）
第263代	教宗若望保祿一世	（在位1978年）
第264代	教宗若望保祿二世	（在位1978年～2005年）
第265代	教宗本篤十六世	（在位2005年～）

※？

司提反殉教

滿得恩惠與能力者壯烈犧牲

七名被任命為執事的信徒

如前所述，體驗過耶穌「復活」的人在耶路撒冷聚集，建立初代基督教教會。據說他們共有財產，一同過著沒有貧富之差的生活，努力傳播他們的信仰，也就是耶穌確實是神派給人類的彌賽亞。

然而在教會擴大的過程，他們遇到了預想不到而必須面對的困難。說希臘語的信徒開始抱怨說希伯來語（實際上是亞蘭語）的信徒。這是牽涉到每日分配的磨擦，因爲教會的規模大幅成長，從前以十二門徒爲中心的營運方式不再適用。彼得等教會的領導人因此選出「七個有好名聲的人」，任命爲執事，管理教會的生活層面。司提反在其中排名第一。

此後，彼得專心於「禱告與教導」，七名執事則不僅要處理教會的諸多問題，也要在傳教上施展長才。尤其是據稱「滿得恩惠與能力」的司提反非常活躍。

然而太出風頭也會令人反感。被他駁倒的猶太人給他安了個罪名，說他褻瀆神和摩西。司提反因此被逮捕，送到猶太教的最高法院。

獨自承擔猶太教徒的憎惡

儘管置身於憎惡與敵意之中，司提反毫不畏懼。他當眾講述亞伯拉罕、雅各、約瑟和摩西的故事，批評猶太教的領導者。他說：不遵從神和摩西的人就是你們各位，和祖先迫害預告神諭的先知一樣，各位不也殺死了義者耶穌嗎？聽到司提反斷然的指責，他們不可能原諒他。

可是到了這個地步，司提反卻被聖靈充滿，定睛望天，看見神的榮耀，也看到耶穌站在神的右邊。耶穌是以彌賽亞的身分站在神的右邊的。眾人開始攻擊這麼大喊的司提反，把他推到城外，一起用石頭打他。擲石是猶太教傳統的處刑方式。司提反就這樣死於迫害。據說臨終時，他還向神祈禱說：「不要將這罪歸於他們。」

司提反被亂石打死時，一個名叫「掃羅」的少年始終在一旁看著。他對耶路撒冷教會也抱有敵意，贊成殺害司提反。此時誰也料想不到，這人會對日後基督教的發展貢獻良多。

原始基督教會的對立

說希伯來語的猶太人

- 猶大地出身的猶太人
- 使用希伯來語（亞拉姆語）

認為基督教是猶太教的支派在耶路撒冷保有權威

認為耶穌是完成律法的人

重視律法

重視以彼得為首的十二門徒

↓

據說耶路撒冷教會在公元70年耶路撒冷陷落之前遷至約旦河東岸的佩拉

說希臘語的猶太人

- 希臘語圈出身的猶太人
- 使用希臘語

不重視耶路撒冷神殿
對猶太教傳統採自由立場

認同耶穌是彌賽亞

重視福音

重視司提反、腓利、伯羅哥羅、尼迦挪、提門、巴米拿和尼哥拉

↓

是原始基督教的中心
（因為在耶路撒冷受到迫害而過來避難）

↓

在希臘文化世界傳教（參照下圖）

保羅歸主的故事

眼睛有鱗掉落的迫害者

積極迫害基督教徒的掃羅

有個年輕人眼睜睜看著司提反壯烈犧牲，這個人就是掃羅。他受過法利賽派的教育，深覺把被處十字架刑的失敗者當成彌賽亞的信仰是對神的褻瀆。

司提反的殉教拉開了迫害的序幕，耶路撒冷教會陷入風暴。信徒們面臨生命危險，除了使徒之外，都必須從耶路撒冷逃到較遠的地區。掃羅也積極參與這場迫害，把破壞教堂，闖入信徒的家，不問男女全部送進牢獄當成他的使命，因爲他是虔誠的法利賽派猶太教徒。

不僅是在耶路撒冷，掃羅迫害之手也伸到其他城市，甚至前往大馬士革，帶著大祭司寫給大馬士革地區各會堂的書信。那是一封認證函，說明掃羅如果找到相信耶穌是彌賽亞的信徒，無論男女都可以綁起來帶到耶路撒冷。

耶穌的引導

掃羅快到大馬士革時，突然天上發光，照亮四周。掃羅撲倒在地，聽見亮光中有聲音說：「掃羅，掃羅，你爲什麼逼迫我？」掃羅驚愕地說：「你是誰？」那聲音說：「我是你所迫害的耶穌。起來，進城去，你所當做的事，必有人告訴你。」

掃羅從地面站起來，眼睛就看不見了。他雖然抵達大馬士革，眼睛卻沒有恢復。

這時，大馬士革有個名叫「亞拿尼亞」的信徒在異象中看到耶穌，耶穌指示他去治療掃羅的眼睛。亞拿尼亞一聽是掃羅，起初想要拒絕，但是耶穌又告訴他，掃羅會被賦予向外邦人傳道的使命。亞拿尼亞就聽從指示，找到掃羅，用手按在他身上說：「兄弟掃羅，在你來的路上向你顯現的就是主耶穌，他打發我來，叫你能夠看見，而且被聖靈充滿。」這時掃羅的眼睛好像有鱗立刻掉下，就看得見了。

掃羅在那裡受了洗，此後的行爲就有了一百八十度的轉變。這是保羅歸主的故事。他是在小亞細亞的大數出生，希臘話的名字是「保羅」。

傳道家就這樣誕生，帶著基督的福音旅行地中海一帶的區域。

從迫害者掃羅變成傳道家保羅的過程

歸主（公元33年）前後的事蹟

大馬士革的聖保羅教會

凱撒利亞的古羅馬時代要塞遺蹟

10年	在基利家（現在的土耳其）的大數出生
30～33年	迫害基督教，與基督教最早殉教的司提反被殺有關
33年	在前往大馬士革的途中歸主
35～45年	在基利家一帶傳教
45～47年	在安提阿一帶傳教
47年	第一次傳道旅行
48年	耶路撒冷會議

50～52年	第二次傳道旅行
53～56年	第三次傳道旅行
56～58年	在凱撒利亞下獄
58～59年	被移送羅馬
59～62年	在羅馬被軟禁
63年	在羅馬殉教

保羅的傳道旅行

向猶太人之外的外邦人傳教的旅途

聖靈賦予的新使命

保羅遇見復活的耶穌後，成為基督徒，在耶路撒冷與門徒們商議，決定回故鄉大數生活。另一方面，耶路撒冷教會聽說安提阿的信徒增多，就派了巴拿巴這個優秀的人物前往。巴拿巴當上安提阿的領導者以後，挑選保羅與他共事。巴拿巴去大數迎他入會，一起帶領教會。信徒被稱為「基督徒」就是從安提阿開始的。

教會在巴拿巴和掃羅的領導下建立體制後，兩人又被賦予新的使命。安提阿教會人士透過聖靈，差遣他們去旅行傳道。

他們就此展開傳道之旅。第一次傳道旅行是以塞浦勒斯島和小亞細亞為布道的對象。兩人藉著講道和神蹟吸引了許多人，卻在彼西低這個省引起猶太人嫉妒，而受到阻撓。巴拿巴和保羅的回應是，猶太人既然拒絕神的話，就不值得接受「永生」。兩人立志去向猶太人以外的外邦人傳道，此後的活動就以向外邦人傳道為主。

保羅遇到多次危難

在傳道給外邦人方面，巴拿巴和保羅獲得耶路撒冷的支持，於是又展開傳道旅行的計畫，但兩人在挑選合作對象時起了爭執，就這樣分道揚鑣。

保羅獲得西拉、提摩太的協助，精力充沛地開始第二次、第三次的傳道旅行。在如此積極的傳教活動中，一方面在羅馬世界增加了許多信徒，成立的教會也為數眾多，另一方面也招致不少反感。他們頻頻遭逢迫害、下獄等危機，但是保羅對於承受十字架苦難的耶穌基督抱有堅定的信仰，克服了多次危難，將基督教的福音傳到小亞細亞和希臘等地區

保羅在傳道上有了成績之後，又前往耶路撒冷。當時的耶路撒冷教會是由耶穌的兄弟雅各帶領，對於向外邦人傳道的保羅有根深柢固的敵意。遭煽動的群眾在耶路撒冷神殿內逮捕保羅，把他送到猶太教的最高法院。由於他有羅馬市民權，就要求在羅馬受審，於是得以前往羅馬。這趟最後的乘船之旅充滿險惡。

保羅很可能就是在羅馬以傳道者的身分結束一生。

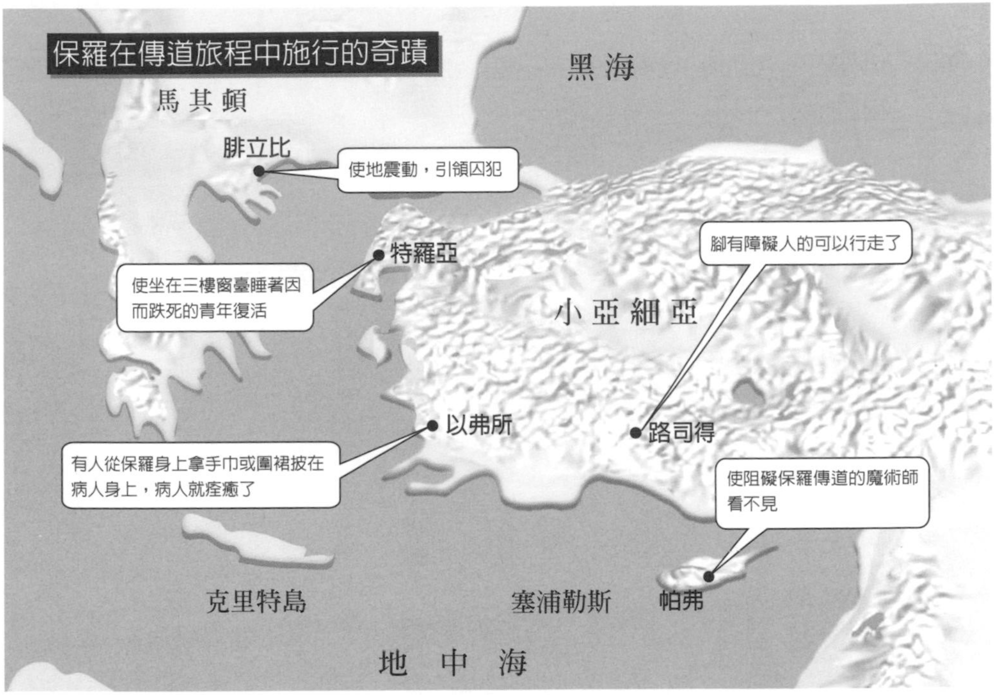
保羅在傳道旅程中施行的奇蹟
黑海
馬其頓
腓立比
使地震動，引領囚犯
特羅亞
使坐在三樓窗臺睡著因而跌死的青年復活
腳有障礙人的可以行走了
小亞細亞
以弗所
路司得
有人從保羅身上拿手巾或圍裙披在病人身上，病人就痊癒了
使阻礙保羅傳道的魔術師看不見
克里特島
塞浦勒斯
帕弗
地中海

保羅三次傳道旅行與前往羅馬之旅
第一次傳道旅行(46～48年)
第二次傳道旅行(49～52年)
第三次傳道旅行(53～58年)
乘船到羅馬(59～62年)
馬其頓
羅馬
三館
亞比烏
部丟利
義大利
帖撒羅尼迦
阿波羅尼亞
安菲波利斯
庇哩亞
腓立比
黑海
特羅亞
小亞細亞
西西里
利基翁
錫拉庫莎
亞朔
佩加蒙
雅典
米推利尼
安提阿
哥林多
愛琴海
以弗所
以哥念
堅革哩
亞大利
特庇
米利都
別加
大數
巴塔拉
每拉
路司得
安提阿
馬耳他島
塞琉西亞
克里特島
塞浦勒斯島
敘利亞
帕弗
撒拉米
西頓
地中海
泰爾
托勒密
利比亞
猶大
埃及
耶路撒冷

保羅的教旨

信仰、希望和愛

人因信稱義

保羅前往羅馬之前，寫了一封信給當地的信徒。他之前不曾造訪過羅馬，覺得信徒身在帝國的都城羅馬，有必要眞確了解基督教信仰的精髓。

他在信中特別針對人的救贖如下說明。人並不是因爲遵行正道而被神稱義，得到救贖。人在神的面前得以稱義是因爲信奉「神子耶穌基督」。

遵守律法的人很有可能變得驕傲自大。不論遵不遵守律法，任何人都有可能因耶穌基督所彰顯的神的義而得到救贖。耶穌基督身爲「神子」，被釘上十字架的意義就在這裡。相信這一點，接受這一點時，人就可以無條件稱義。在神面前，沒有猶太人和外邦人、奴隸與主人，以及男與女的區別。

保羅這種主張勢必與當時的猶太教正面衝突。猶太人和猶太主義的基督教徒中，有人對保羅抱有憎惡和敵意也不足爲奇。

雖然保羅在歸主之前是虔誠的猶太教徒，在這方面卻毫不妥協。

最偉大的是愛

儘管是共有信仰的教會共同體，有許多人聚集自然會產生種種問題。保羅離開後不久，他曾寄居的哥林多教會因信仰立場的差異和人性的對立，一直處於爭議不止的狀態。保羅就寫了許多封信給哥林多的信徒。

神子耶穌基督受到釘十字架的恥辱顯示出神榮耀的力量。基督福音就是從這裡開始。信仰的原點就在這裡。因此信徒不可以自誇。人只不過是個「瓦器」。可是相信耶穌基督是神子時，顯現在十字架上的神力就會充滿「瓦器」。保羅以「愛的力量」形容這一點，又在寫給哥林多信徒的信中如下表示：人即使具有超乎常人的能力，做出值得讚賞的行爲，如果沒有愛也是枉然。正是愛使人謙虛，引導人走向信仰，懷抱希望。知識早晚都會過時，只有信仰、希望和愛能夠永續。而其中最偉大的是愛。

這是終身未婚的保羅留給世人的「愛的禮讚」。

基督教的擴展

在加利利展開基督教的傳道活動

↓

猶大全地

↓

安提阿　（保羅傳道旅行，公元47～48年）

↓

小亞細亞、希臘　（保羅傳道旅行，公元49～52年）

↓

義大利的羅馬（保羅乘船，公元59～62年）

保羅寄信給各地信徒

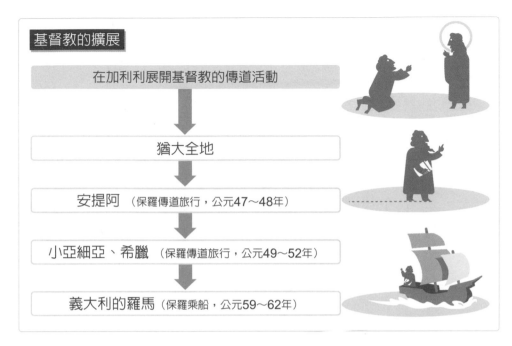

基督教的擴展與受到的迫害

初代教會的喜悅與痛苦

轉為世界宗教的契機

由於以彼得爲首的耶穌門徒奠定了教會基礎，再經由司提反、巴拿巴等下一代的活動、保羅這位個性鮮明的傳道家積極宣揚，教會終能不斷擴展。

整頓好耶耶路撒冷教會的體制後，彼得就離開耶路撒冷，開始傳教。他來到凱撒利亞這個城市，住在皮革匠西門的家裡時，有個「意大利營」的百夫長哥尼流接到天使的指示，來拜訪彼得。神是不偏待人的。彼得受過這樣的教導，因此很高興哥尼流接受信仰。不論是猶太人還是羅馬人，凡相信耶穌是基督的人，教會的門都會爲他開啓。源自猶太教這個民族宗教的基督教，就這樣開始轉變成世界宗教。

保羅也傾全力向外邦人傳道，在幅員廣大的羅馬世界建立基督教的地位。他的布道對日後的基督教和教義的形成有決定性的影響。

羅馬皇帝的大迫害

然而，教會擴大的同時，也在各地造成衝突。有些人不敢冒然接受異質思想，有些人覺得有違傳統而加以排拒。司提反在耶路撒冷遇害之後，就發生了約翰的兄弟雅各被希律・安提帕殺害的事件。彼得也被這個君王關進監牢。保羅在各地屢次與對他有敵意的人發生衝突，也曾在腓立比嘗到入獄之苦。

他去拜訪耶路撒冷教會時，有個反對其不需律法論的團體差點就要制裁他。據說當時他是靠著羅馬市民權逃過一劫，但此後就不得不在羅馬過著軟禁生活。

此後基督教徒受到的迫害日益慘烈，公元六四年時，皇帝尼祿在羅馬對基督教展開大迫害。關於這方面，《新約聖經》的〈啓示錄〉中，有一段話提到迷惑世人的「獸」：「聰明的人可以想一想獸的數字有什麼意義。數字指的是人，而那個數字是六六六。」

根據猶太人傳承的文字和數字的替換法，六六六是指「皇帝尼祿」。在書寫〈啓示錄〉的時代，迫害基督教的惡名僅次於尼祿的羅馬皇帝是多米提安努斯。〈啓示錄〉是在藉著尼祿暗示這個皇帝的迫害不會持久，

大迫害在多米提安努斯皇帝死亡時告一段落，但基督教徒仍不得安寧。在羅馬帝國於公元四世紀前半期承認基督教之前，基督教徒仍必須忍受多次迫害的煎熬。

羅馬帝國最盛期的領土和基督教的擴展

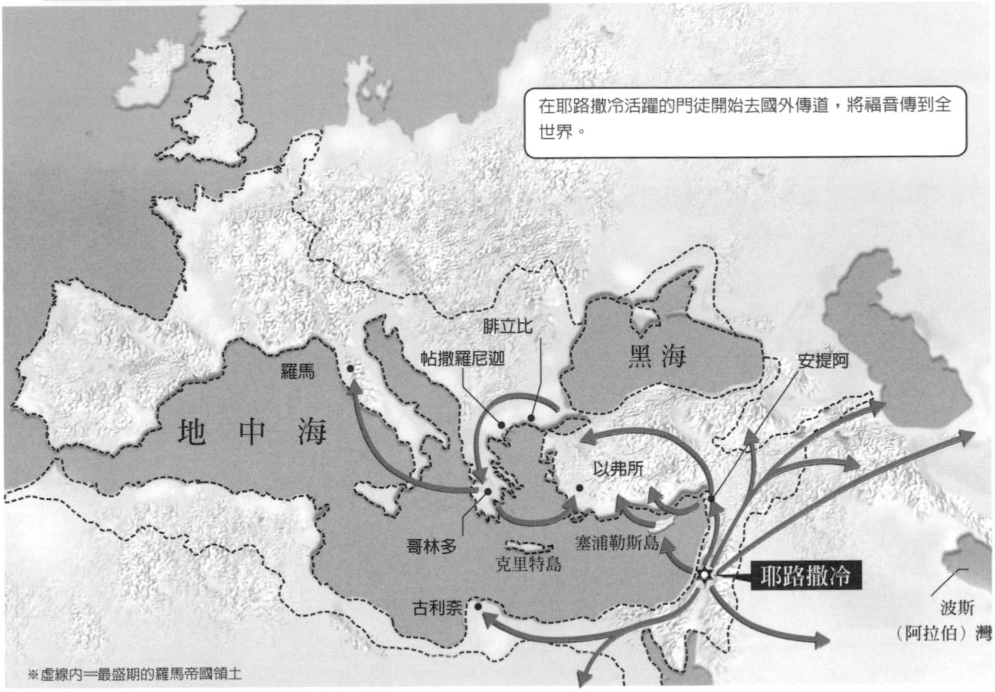

羅馬皇帝對基督教的迫害

尼祿皇帝（在位公元54～68年）
將64年發生的大火歸罪給基督教徒，展開對基督徒的迫害。彼得和保羅都是因為他而殉教。

多米提安努斯皇帝（在位公元81～96年）
敵視猶太人，對基督徒的迫害程度僅次於尼祿。

馬可·奧理略皇帝（在位公元161～180年）
被稱為「哲學家皇帝」，以禁欲思想和態度聞名。斯多噶學派的代表性人物。認為基督教是迷信而更強硬取締。

德西烏斯皇帝（在位公元249～251年）
試圖復興羅馬的古代宗教，而有組織地鎮壓基督徒。

戴克里先皇帝（在位公元245～305年）
試圖藉著宗教神化自己的王權，造成與基督徒的對立，而大肆鎮壓，基督教稱之為「大迫害」，是基督教史上最多信徒殉教的時期。

尤里安皇帝（在位公元361～363年）
儘管君士坦丁大帝頒布「米蘭敕令」，正式認可基督教，他卻不接受，仍意圖復興傳統的多神教，因此被基督教徒為「叛教者」。

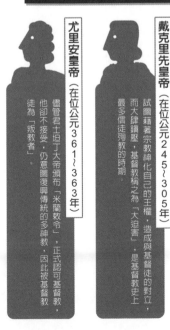

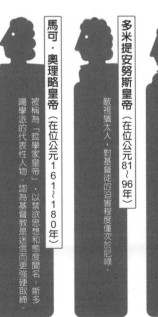

最後的審判

先知約翰看到的啓示

統治地面的大帝國崩潰

羅馬皇帝多米提安努斯皇帝擴大對基督教徒的迫害時，神透過基督，降啓示給在拔摩斯島生活的先知約翰，告知人們苦難的原因和神對世界的旨意。

首先神讓他看到由許多種獸和黑暗支配的景象。可是這種情況不會永遠持續。神派天使去攻擊那些獸和黑暗，驅逐暴虐的惡靈。那些惡靈就叫眾王聚集在稱爲「哈米吉多頓」的地方，意圖對神做最後的抵抗。

可是，神引發大地震搖晃大地，使巨大的都城裂開，給地上的眾王重大的打擊，再徹底破壞那座城。這意味著支配地面的強大帝國結束了。而隨著帝國崩潰，暴君和貪求暴利的商人也走向滅亡。對於無數飽受帝國欺凌、流血死亡的人來說，這就是給予他們的報償。

千禧年到來與最後的審判

帝國毀滅後，一名天使奉令從天而降，給惡魔打上千年封印。這千年是和平的時代，由基督與往昔因效忠基督而死的人統治。這些人是因爲對基督忠誠而得到第一次復活的人，再也不會死去。

經過和平的千年，惡魔重返地面，再度使人世產生混亂。惡魔集中爲數眾多的人，組成與神敵對的團體，開始攻擊聖徒。可是沒多久神就從天降火，燒滅了惡魔，再把它們扔進硫磺火湖裡，永遠根絕。

消滅惡魔後，神出現在白色大寶座上，使天與地都消失，接著展開最後的大審判。海裡和陰府中的死人都被叫到寶座前，分別依生前的行爲受審。

生前行爲良好的人，生命冊上會記著他的名字，因此得到拯救。而生前行爲不佳的人，會因爲生命冊上沒有他的名字，而被扔進火湖。這火湖就是第二次的死亡。第二次死亡的人和之前被扔進火湖的惡魔一樣，將要面對決定性的毀滅。

最後的審判結束時，新的天地就出現了。那裡不再有死亡和悲傷，沒有哭號和疼痛，更沒有人覺得飢渴。這意味著神將之前的樂園還給人類了。

約翰的啓示錄內容

（前言）
寫信給屬於羅馬領土的小亞細亞七個教會

（說明戰亂與天變地動）
七角七眼的羊羔揭開加封的七份書卷

第一封印—白馬出現，騎士拿弓，頭上戴冠。（戰爭之災）
第二封印—紅馬出現，騎士拿到一把大刀。（互相殘殺之災）
第三封印—黑馬出現，騎士手持天平。（貪欲之災）
第四封印—灰馬出現，騎士的名字是「死」。（刀劍與饑荒之災）
第五封印—被殺之人的靈魂大喊：「給我們伸流血的冤。」
第六封印—發生大地震，太陽變黑，月亮變紅，星辰墜地。
第七封印—七名天使出現，獲賜七把號角。

（再次說明天變地動）
七個天使分別吹響號角

第一個天使—出現摻血的冰雹與火，降在地上。
第二個天使—燃燒的大山扔在海中，海中的生物死了三分之一。
第三個天使—燒著的大星落下，水變苦，許多人死亡。
第四個天使—太陽、月亮、星辰的三分之一受到擊打，一隻鷹在叫喊。
第五個天使—有顆星掉落，有無底坑的鑰匙賜給它。有蝗蟲從煙中出來攻擊人。
第六個天使—四名使者獲釋，要去殺死三分之一的人類。
第七個天使—通知最後審判的時刻來臨。

（說明更大的天變地動）
七個天使將盛著神怒的七個碗倒在地上

（區分死者）
最後的審判

（基督再臨的承諾）
新的聖都耶路撒冷從天而降

收到啓示錄的七個教會

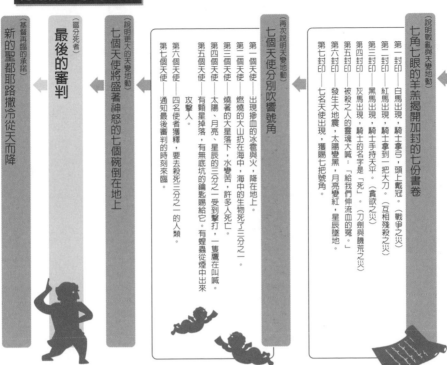

舊約聖經歷史年表

西曆 公元前 B.C.	
7000年	世界最古老的城市文明在耶利哥誕生
3000年	迦南地形成諸多城市
1700年	迦南地有諸多繁榮的城市國家
1250年	摩西率領以色列人出埃及
1200年	約書亞率領以色列人定居迦南
1050年	士師活躍
1010年	掃羅成爲以色列統一王國的初代王
1003年	大衛成爲第二代王，以耶路撒冷爲都城
965年	所羅門成爲第三代王
926年	所羅門死去，以色列統一王國分裂爲南猶大王國和北以色列王國
924年	以色列王國由耶羅波安爲王，猶大王國由羅波安爲王
871年	以色列王國由亞哈爲王
722年	亞述帝國消滅以色列王國
680年	亞述帝國統一東方世界
639年	猶大王國由約西亞爲王
612年	亞述帝國被新巴比倫帝國消滅
609年	約西亞王死於與埃及軍的米吉多戰役
597年	新巴比倫帝國進行第一次巴比倫俘囚
586年	新巴比倫帝國消滅猶大王國
	第二次巴比倫俘囚
582年	第三次巴倫俘囚
539年	波斯阿契美尼德王朝消滅新巴比倫帝國
538年	被俘的以色列人獲准回鄉
515年	重建耶路撒冷神殿
445年	尼希米返回耶路撒冷，開始改革
398年	以斯拉返回猶大，開始改革（成立猶太教）
333年	馬其頓的亞歷山大帝征服猶大
202年	猶大受敘利亞塞琉古王朝統治
170年	敘利亞塞琉古王朝的安提阿四世鎮壓猶太教

新約聖經歷史年表

西曆	
公元前 B.C.	
142年	哈希芒王朝建立，猶大獨立，猶太教分裂爲法利賽派和撒該都派
130年	艾賽尼派成立
63年	羅馬的龐培將軍征服猶大
37年	希律王佔領耶路撒冷
	希律王成爲猶大王
20年	希律王開始整修耶路撒冷神殿
7年	耶穌誕生
4年	希律王死去
公元 A.D.	
6年	猶大成爲羅馬的一省
26年	彼拉多成爲猶大總督
28年	施洗約翰開始傳教
	耶穌受洗
30年	耶穌在各各他山丘被處十字架刑
33年	保羅歸主
47年	保羅第一次傳道旅行
49~52年	保羅第二次傳道旅行
53~56年	保羅第三次傳道旅行
65年	彼得、保羅殉教
66年	第一次猶太戰爭爆發
70年	〈馬可福音〉完成
	第一次猶太戰爭結束
73年	馬撒大堡壘陷落
80年	〈路加福音〉完成
84年	〈馬太福音〉完成
132年	第二次猶太戰爭爆發
135年	第二次猶太戰爭結束
	猶太人流散到世界各地
313年	基督教受到米蘭敕令的認可

國家圖書館出版品預行編目資料

圖解聖經／月本昭男監修；山野貴彥，山吉智久執筆；李毓昭譯. —— 三版. ——臺中市：好讀,2018.09

面：　公分，——（一本就懂；2）

ISBN 978-986-178-469-4（平裝）

1.聖經

241　　　　107018801

好讀出版

一本就懂 02

圖解聖經【典藏新版】

監　修／月本昭男
執 筆 者／山野貴彥、山吉智久
總 編 輯／鄧茵茵
文字編輯／莊銘桓
發 行 所／好讀出版有限公司
台中市 407 西屯區工業 30 路 1 號
台中市 407 西屯區大有街 13 號（編輯部）
TEL:04-23157795 FAX:04-23144188 http://howdo.morningstar.com.tw
（如對本書編輯或內容有意見，請來電或上網告訴我們）
法律顧問　陳思成律師

線上讀者回函
獲得好讀資訊

讀者服務專線／ TEL：02-23672044 / 04-23595819#212
讀者傳真專線／ FAX：02-23635741 / 04-23595493
讀者專用信箱／ E-mail：service@morningstar.com.tw
網路書店／ http : //www.morningstar.com.tw
郵政劃撥／ 15060393（知己圖書股份有限公司）
印刷／上好印刷股份有限公司
如有破損或裝訂錯誤，請寄回知己圖書更換

三版／西元2018年9月15日
三版四刷／西元2023年9月25日
定價：250元

Published by How-Do Publishing Co., Ltd.
2018 Printed in Taiwan

ISBN 978-986-178-469-4